JN213238

Voices from Youth Friends in the World for the Belt and Road Initiative

「一帯一路」沿線
65カ国の若者の生の声

人民日報海外版「中国故事工作室」編

厳 冰・陳 振凱 主編

日中翻訳学院 山本 美那子・桝矢 薫 訳

日本僑報社

目　次

序文

若き朋あり遠方より来る、また楽しからずや

人民日報社編集委員兼人民日報海外版編集長 王 樹成

人民日報海外版傘下の「中国故事工作室」から派遣された精鋭チームは、一週間で世界中のメディアがうらやむプロジェクトを成し遂げました。それは、「一帯一路」沿線の65カ国から少なくとも一人ずつ、合計73人の青年にインタビューをするというものです。

新しい時代の幕開けです！

2017年5月14日、世界規模の「一帯一路」国際協力サミットフォーラムが開幕した中国の首都北京には、各国の代表が集まり、世界中の注目の的となりました。本フォーラムは、2014年に北京で開かれたアジア太平洋経済協力（APEC）非公式首脳会議、2016年のG20杭州サミットに次いで、中国が主催した重要な国際会議の一つです。

本フォーラムには重要な意義がありました。北京APECやG20杭州サミットと比較しても、特別な価値があるものでした。それは第一に、中国が初めてイニシアチブを取り、議長国を務める国際協力サミットであること。第二に、「一帯一路」の国や地域はオープンなものであり、国家、国際機関、多国籍企業、金融機関および非政府組織（NGO）の積極的な参加と、協力・共栄の関係を築くことを歓迎していること。第三に、APECやG20のメカニズムと比べ、本フォーラムが議題の選定、協力分野、推進方法などの面において柔軟性があり、各方面に十分配慮していることです。

フォーラムの前夜に人民日報海外版傘下の「中国故事工作室」から派遣された精鋭チームは、世界中のメディアがうらやむプロジェクトを、一週間で成し遂げました。それは、「一帯一路」沿線の65カ国から少なくとも一人ずつ、合計73人の青年にインタビューをするというものです。当然のことながら、中国政府は「一帯一路」の範囲を限定したことはなく、「一帯一路」は開放的な理念を提唱するものであって、この65という数字にこだわらず、あらゆる国の参加を歓迎しています。一週間で65カ国もの国々の青年たちにインタビューをするのは並大抵のことではなく、大変幸運なことでした。

特に感謝申し上げたいのは「一帯一路」青年創意・遺産フォーラムの開催者——国際連合教育科学文化機関（UNESCO、以下、ユネスコ）と中国ユネスコ全国委員会に対してです。開催者のスタッフの方々は創造力と実行力を兼ね備えていました。彼らは、世界65カ国から、えりすぐりの青年たちを中国での活動に招待しました。インタビュー中、民族衣装を身にまとった青年たちは、心の底から中国語で「ニーハオ、一帯一路」と叫び、自分の境遇や自分と中国の関係について話しました。さらに、「一帯一路」への理解と祝福の気持ちや、「一帯一路」フォーラムに対する意見と感想、訪中した各国の指導者たちに伝えたいこと等々も語りました。

65カ国の青年たちは、長沙と泉州の美しい二つの都市で、忘れられない一週間を過ごしました。滞在中、彼らは陶芸や書道の芸術体験を通じて、中国の伝統的な文化の奥深さを肌で感じ、都市の全貌を目の当たりにしました。彼らの中には、かつて交戦または対立した国々の出身者もいましたが、中国では握手して歓談していました。また、戦いの渦中にある国から来た青年は、中国で人々のぬくもりや相互理解の心を身に染みて感じていました。このような彼らの経験や物語が、「民心の通い合い」、「文明の交流と相互参照」、「運命共同体の構築」という「一帯一路」の指針を生き生きと表現しているのです。フォーラム期間中、労をいとわず周到な準備をしてくださった長沙と泉州の両政府とボランティアの皆さんに心から感謝申し上げます。両都市は「一帯一路」の重要拠点と起点なのです。

朋あり遠方より来る、また楽しからずや、という言葉があります。別れたばかりの青年たちは、すでに互いを懐かしみ、WeChatのグループチャットで胸の内を明かし、中国の旅の思い出を楽しく語り合っています。数年後、この若きエリートたちの中から、国の指導者になる人や、各界で活躍する人が現れるかもしれません。いつか昔のことを思い出した時、彼らはきっとこの素晴らしい「文化交流の旅」を偲ぶことでしょう。

習近平総書記が述べたように、人々の文化的交流と協力は「一帯一路」建設の要です。「一帯一路」建設を確実に成し遂げるには、沿線国の住民の間に互いの良さを認め合い、理解し合い、尊重し合うという文化的枠組みを形成しなくてはなりません。民心の通い合いは「一帯一路」建設の礎であり、文化的基盤でもあるのです。経済協力と文化交流を同時に推進するには、人文分野におけるさまざまな取り組みに力を入れ、各国の文化や歴史、習慣を尊重し、沿線国の住民同士が友好関係を深め、「一帯一路」建設のための基礎を広範囲に築くことが必要です。

「一帯一路」青年創意・遺産フォーラムは、「民心の通い合い」を実現した素晴らしい取り組みです。私はそれを称賛すると同時に、「中国故事工作室」の同僚たちにも敬意を表します。彼らは優れた創造力、粘り強さと明確なプロ意識を発揮して毎日寝る間も惜しんで働き、短期間でインタビューを成し遂げると、ドキュメンタリーを制作し、さらには本書を編集したのです。ここ数年、「中国故事工作室」は「物語を語る」形式で伝達スタイルの革命を模索しており、人民日報海外版の報道の影響力を効果的に高めました。「海外の読者が受け取りやすく、わかりやすい言葉で中国の物語を語り、中国の声を伝えることで、信頼を高め、疑問を解消し、力を合わせるための架け橋となるよう努める」。これこそが習近平総書記が人民日報海外版に求めることです。「中国故事工作室」がこれからも誠実に企画に取り組み、深く掘り下げた取材を行い、革新を探求し続け、絶えず新しい成果を上げていくことを望んでいます。

読者がこの本を手に取った時、65カ国の青年たちの精彩を放つ物語と、彼らが中国で過ごした輝かしい一週間を目にすることでしょう。これは一つの始まりに過ぎません。「一帯一路」は大きな流れに乗って、人々の心に寄り添い、民心の通い合いを基盤として、真心を込めて未来の友好関係を築いていくものなのです。世界中の国々が心を一つにして手を携え、全力を傾け、共に美しい明日を切り開いていくことを心から望んでいます。

志を同じくする者は、海や山を隔てても遠くない

中国ユネスコ全国委員会事務局長 杜 越

「一帯一路」は青年たちの心をつなぎました。青年はまた、ここから未来に向かって進むのです。それは多様な文明が調和し共生する一本の道であり、さまざまな色と光が織りなす共栄の道なのです。

舞台は橘子洲と、刺桐港。「一帯一路」国際協力サミットフォーラムの開催直前、「一帯一路」沿線の65カ国から84名の青年たちが長沙と泉州に集まり、「一帯一路」青年創意・遺産フォーラムにおいて、沿線国の「民相親」(国民同士の親善交流)の序曲となるような交流を行いました。

本フォーラムは、中国とユネスコが青年交流と文明間対話の分野で近年協力してきたことの具体的な成果の一つです。これはまた、青年が計画し、運営し、参加し、彼ら自身に有益な活動であり、主催者側としても、また体験者としても深い感動を覚えます。

毛沢東は若者を「朝八時か九時の太陽だ」と例え、青年たちに希望を託しました。2015年10月、習近平主席は第九回ユネスコ青年フォーラ

ムに、「青年は最も生気と夢にあふれており、まさに未来のリーダーかつ未来を創る担い手です。世界中の青年が理想を抱き、責任を持って行動すれば、人類の平和と発展を推進するという偉大な事業に対して青年のあふれる力が発揮され、人類の未来は明るいでしょう」という祝辞を寄せました。2016年、中国はユネスコと協力してアジア青年文明間対話フォーラムを成都で開催し、世界から好意的で熱烈な反響が寄せられました。2017年には、両者は再び協力して「一帯一路」沿線国の青年たちの対話の土台を作り、青年たちが遺産を継承する一方で、イノベーションを起こすための重要な役割を果たしました。遺産と創意はまぎれもなく、文化の多様性を保ち、平和な文化を築き、持続可能な発展を促進するための核心となる二大要素なのです。

ユネスコは現在、アフリカとジェンダー平等に次ぐ第三の優先課題として青年の問題に取り組んでいます。ユネスコの「青年に関する業務戦略（2014～2017年）」で指摘されているように、世界中の青年が社会変革やイノベーション、平和と持続可能な発展の原動力となり、これらをけん引しています。従って、青年の参加と意思決定のレベル、ソーシャルイノベーション能力を、総合的かつ多岐に渡る分野において重点的に向上させるべきです。長沙と泉州でフォーラムに参加した青年たちは、一週間足らずの間に、いかにニューメディアや先端技術、新しいアイデアを用いてシルクロードの遺産保護と文化の革新を促進するかについて、熱い議論を交わしました。そして、実際に現地に足を運び、相互交流を通じて歴史に対する理解と現実を分析する思考を分かち合い、青年の視点からシルクロードを現代の活気あふれるものにする提案をしました。熱意と責任感、創造力に満ちた青年たちは、フォーラム中の実際の行動によって「一帯一路」の国際協力の推進に寄与したのです。

ユネスコが中心となって推進している宗教間・文明間の対話の元責任者であり、国際記念物遺跡会議（ICOMOS）のDoudou Diene博士は、今年76歳を迎えました。感情豊かで、きめ細かい配慮をする彼は、フォーラムの全行程に参加して青年代表たちと広く交流し、彼の存在によって本フォーラムはさらに輝きを増しました。これは私が二十数年前にパリで働いていた頃に、テレビで見た出来事を思い起こさせました。Diene

博士率いるユネスコの海上シルクロード視察チームが泉州に到着した時、人々は熱烈に歓迎しました。その様子はまるで「恰同学少年、風華正茂、書生意気揮斥方遒」（学生たちは青春を謳歌し、若々しさと才気にあふれ、意欲に満ちている）[①]ようでした。その後、2017年になってまもなく、中国はユネスコに「古泉州（刺桐）史跡」の世界文化遺産への登録を正式に申請しました。また長沙についても、ユネスコ創造都市ネットワークへの参加申請を積極的に進めているところです。中国とユネスコの協力は、若い世代の奮闘によって日進月歩の勢いで進展し、シルクロードにおける青年たちの友好的な交流によって、シルクロードの歴史に新たなページが追加されています。

この生き生きとして色彩にあふれた過程は、ぜひ記録されるべきです。私は、人民日報海外版の記者の方々が全行程に参加し、活動する青年たちの交流エピソードを集め、さらに各国の青年代表に綿密にインタビューした内容を本書にまとめてくれたことに大変感謝しています。青年たちは爽やかに語り、楽しみ、学び合い、分かち合いの観点から相手に接し、世界を見つめています。本書は多くの青年たちを刺激することでしょう。そして劉延東副総理が本フォーラムに寄せたメッセージにあったように、本書がシルクロードの精神を喚起し、異なる文明間の交流と相互参照を推進し、人類運命共同体を築くことに寄与すると信じています。

志を同じくする者は、海や山を隔てても遠くないのです。海と陸のシルクロードは青年たちの心をつなぎました。青年はまた、ここから未来に向かって進むのです。それは多様な文明が調和し共生する一本の道であり、さまざまな色と光が織りなす共栄の道なのです。本フォーラムに参加した全ての青年に感謝します。そして、青年たちをサポートし、援助してくださった友人の皆さん、本当にありがとう！

---

①毛沢東の詩『沁園春・長沙』の一節。

コミュニケーションと希望

ユネスコ駐中国代表 欧 敏行

本書を読み、じっくりと味わうことは、世界の青年たちの声に耳を澄ませ、その意味を考えることでもあります。若者たちの声は、共通認識を探求する喜びと、共に創る未来に対する希望に満ちあふれた、美しい真実の声なのです。

「希望（hope）」は素晴らしい言葉です。それは明るい未来への肯定的なビジョンを表し、また喜びを求める切なる願いを伝えるものです。「希望」は楽観主義者の座右の銘です。

世界は今、貧困や気候変動、暴力や衝突、水資源と食料の不足、過激派組織の活発化等多くの課題に直面していると言えます。「希望」はぜいたく品なのです。青年について言えば、状況はさらに厳しいかもしれません。若年層の失業率は、中年層の三倍近くにのぼっています。そのため、若者は長期にわたり、未来に影響を及ぼす重要な意思決定プロセスに参加できません。さらには、他の年齢層と比較して、若者が社会から排除され、批判され、差別される割合は相当高いのです。

それにもかかわらず、地球上には12億人の青年が決して無視できない力を誇示しています。ソーシャルメディアの力を借りて、異なる地域の青年同士が地域、人種、宗教、性別またはその他の障壁を越えて密につながり、勇気をもって自分の声を発信し、経済活動と政治改革の最前線で青春の輝きを放っています。史上最大規模の都市化を進行させている若い出稼ぎ労働者から、最先端の科学技術を用いたベンチャー企業の中心にいる青年起業家、さらには社会のモデルチェンジを探求する社会活動家まで、生命力にあふれる若者たちは、今まさに色鮮やかで壮麗な詩を世界各地で生み出しているのです。彼らのような楽観主義者は絶えず独創的なアイデアを持ち、新しい物事の発見や発明、促進、創造に励んでいます。彼らは毎日、世界を変えているのです。

若者たちは、先輩たちが力を授けてくれるのをただ座って待っているのではありません。若者は自分の力を発揮しているのです。若者は、一致団結した行動から生まれる大きな力によって理想が実現すると固く信じています。さらに、青年は市民、学生、企業家、消費者、工場労働者または家族の一員として、いかなる社会的役割を演じている時も、自身の才能と情熱を捧げています。現代の青年はコミュニケーションと対話の重要性をしっかりと認識しています。若者たちはコミュニケーションと対話を通じて、より効果的に経験を分かち合い、考え方を表現し、アイデアを生み出し、さらには志を同じくする者たちを見いだし実行に移すことができるのです。同時に、調和のとれた社会的集団は、メンバー同士が尊重し合い、団結して助け合って築かれる良質なコミュニケーションを基礎として成り立つものです。つまり、メンバー一人ひとりが互いに温かい心でしっかりとつながっていると実感できた時に初めて、共同体全体として力を発揮することができるのです。

ユネスコは「人の心の中に平和のとりでを築こう」という願いのもと、設立されました。これまでの経験によって明らかなように、ばらばらになった集団を緊密に団結させ、さらに社会で最も弱い立場にある人々の正当な権利の追求に積極的に応えられる共同体こそ、真の平和を実現できるのです。若者たちと同じように、ユネスコは共同体の構築に尽力してきました。それは民族間および国家間の相互理解、良質なコミュニケーションの促進も意味しています。私たちはそれを「文化の和解」と呼んでいます。

共同体を作る上でキーポイントとなるのが共通認識を探すことです。集団の構成員の帰属意識は、同一の身分を持つという一体感から生まれます。このような同一視もまた、互いのつながりをさらに緊密なものに感じさせます。国家間の共同体の構築――恒久的な平和と協力・共栄に基づく文化の和解――は、共通の歴史認識に関わることです。これは単に互いの立場を理解して過去の異なる意見を克服することだけではなく、遠い昔の遺恨を捨て去り、前途有望な未来を手に入れることも意味しています。文化の和解は、文化間や世代間、その他の対話を進める上で根底にある障害を乗り越えて成立することに関わっており、建設的な手段によって対立を解消し、未来へと導くことなのです。

2017年4月、ユネスコ、中国ユネスコ全国委員会、長沙市人民政府および泉州市人民政府が共催した「一帯一路」青年創意・遺産フォーラムは、「一帯一路」沿線の65カ国の青年たちを呼び寄せました。沿線国の若者人口は、世界の若者人口の七割を占めています。シルクロードもまた、沿線国に共通する美しい歴史の証です。何千年という時の中で、シルクロードは異なる地域の文明や民族、文化を結びつけ、貿易を促進しただけでなく、各地の科学者や宗教指導者、教師、芸術家、商人、思想家の創意と理念がシルクロードに集まりました。まさにこのような創意と理念の交流と相互参照が、今日の世界を創ったのです。

フォーラム期間中、各国の青年代表は、さまざまな地域の人々の生活スタイルや文化の特徴を理解する機会に恵まれました。異文化との対峙は、「各美其美」(各々が自らの美を認め)、「美人之美」(相手の美を受け入れ)、さらに「美美与共、天下大同」(互いの美を認め合えば、世界は一つになるだろう)[①]と言い表せるでしょう。自身の文化的アイデンティティーを確立するには、人類共通の基盤や歴史、価値観をくみ取り、転換するための創造力を持つ必要があります。自身の文化を認めることは、必然的に、他の文化によって生み出される創造的思考を等しく価値あるものとして認めることを意味します。ここ数世紀における、まさにこうした異文化の創造的思考の交流と相互参照によって、今日の私たちがあるのです。文化の多様性を尊重し、保護し、促進するプロセスで、一人ひとりが「全人類という大家族」のために独自に貢献しているのです。絶えずあふれ出る創意と多様性豊かな遺産が、各人に共通した価値観を生み出すことを可能にします。全ての人々に共通する基盤と各人の個性は、未来における協力をさらに強固なものにするでしょう。

本フォーラムに参加した各国の青年代表は、交流し、共に学び合い、独自の意見を分かち合い、理解を深めました。さらに本フォーラムで芽生えた帰属意識と真の友情を今後の行動に結びつけ、つながりを維持することを約束しました。

本書はフォーラム後、青年たちの感想と体験を文字にしたものです。

これらの文章を読み、じっくりと味わうことは、世界の青年たちの声に耳を澄ませ、その意味を考えることでもあります。若者たちの声は、共通認識を探求する喜びと、共に創る未来に対する希望に満ちあふれた、美しい真実の声なのです。

---

①中国の社会学者、費孝通（1910～2005）による異文化の共存原則についての格言。

上　編

青年の友人

Youth Friends

インタビューを受けた65カ国の青年代表は、一人ひとり民族衣装を身にまとって、自分の物語を語りました。彼らは中国語で「ニーハオ、一帯一路」と言って自己紹介した後、中国に対する思いや「一帯一路」への理解と祝福の気持ちを語りました。さらに、「一帯一路」国際協力サミットフォーラムに対する期待や、訪中した各国の指導者たちに伝えたいこと等も話しました。彼らの「一帯一路」に対する理解は、私たちの予想をはるかに超えたものでした。最後に、彼らは母国語ではっきりと、「一帯一路の建設によって、私たちは一つになれるのです」と言いました。

Elsa Myftaraj

アルバニア

――自己紹介をしてください。

私はElsa、アルバニア出身です。歴史学部を卒業したばかりで、今はアルバニア文化庁で働いています。

――中国とアルバニアの関係についてどうお考えですか？

アルバニアと中国は同じような歴史的過程を経てきています。似通った文化、伝統、舞踊、それに自然さえも似ています。「一帯一路」は他国との架け橋を作るための最良の方法だと思います。

――あなたは中国をどのような言葉で表現しますか？

素晴らしいと思います。最も美しい旅行の目的地の一つです。

アルバニア Albania

東南ヨーロッパのバルカン半島西部に位置し、北部と東北部はセルビア、モンテネグロ、マケドニアと接し、南部はギリシャと隣接し、西はアドリア海に面している。人口は288万人（2017年1月現在）で、その中でアルバニア人が82.58%を占めている。公用語はアルバニア語。

【「一帯一路」の新しい成果】

アルバニアはヨーロッパ交通において非常に重要な位置にあり、中国企業がヨーロッパに進出する際の枢軸となり得る。2015年11月、中国の民間企業とアルバニア共和国とモンテネグロ共和国は総額30億ユーロのインフラ建設プロジェクトに署名した。その中には、アルバニアとモンテネグロの共同署名によるバルカンブルー回廊プロジェクトと、アルバニア単独署名によるアルバニア全国骨幹道路網プロジェクトも含まれている。これらの一連のプロジェクトが達成されれば、バルカン半島の海岸線の美しい景色を横目に走り抜ける高速道路が完成し、海岸線の多くの国々をつなぐ交通の要衝となり得るのである。

Ahmad Wali Ahmadi

アフガニスタン

――自己紹介をしてください。

私はAhmad Wali、アフガニスタンから来た社会活動家です。

――「一帯一路」とアフガニスタンの関係についてどうお考えですか？

アフガニスタンはアジア中西部に位置する内陸国です。「一帯一路」はアフガニスタンに大きな希望をもたらしました。中国が世界でも生産率が最も高い国家の一つと見られている一方、多くの消費大国、例えばウズベキスタン、トルクメニスタン、タジキスタンなどもこの地にあります。アフガニスタンは、中国やこれら消費大国とうまくつながっています。それこそが、私たちが「一帯一路」に大きな経済意義を見出している要因です。政治の上で、アフガニスタンは隣国に苦しめられてきました。なぜならこれらの隣国にとって彼らの利益の方がアフガニスタンの利益より重要だったからです。しかし、「一帯一路」が登場してからは、アフガニスタンは中央アジアと南アジアの国々の間をつなぐという役割を担って来ました。つまり私たちの隣の国々は安定したアフガニスタンを必要とするようになったのです。彼らはアフガニスタンを経由して商品の輸出入をするために、アフガニスタンの安全に気を配るようになったのです。

――今回の活動に参加していかがでしたか？

今回の青年フォーラムは、ユネスコと中国政府の共同開催でしたが、私は大いに励まされましたし、多くのことを学びました。私は今回学んだことを生かしてアフガニスタンの若者たちを励まし、国の有形文化遺産と無形文化遺産の双方を保護すると同時に、創造性と文化を強調し、持続的な発展を維持していきたいと思います。

——あなたは中国をどのような言葉で表現しますか？

今回、私は初めて中国に来ました。私は若者の指導力と、集中力、そして誠実さを目の当たりにし、それこそが将来のアジアの指導力の源であると信じています。

アフガニスタン Afghanistan

アジア中西部の内陸国家で、東北部の突出した細長い土地が中国と接している。面積は647500平方キロメートル。

人口は約3270万人。公用語はパシュトー語とダリー語。イスラム教スンナ派が80%を占め、シーア派は19%、その他が1%を占めている。

【「一帯一路」の新しい成果】

2016年6月24日、習近平国家主席は、タシケントでアフガニスタンのガニー大統領と会見した。習近平主席が指摘し、双方は「中国とアフガニスタンが共同で一帯一路建設を進める了解覚書」を確認した。

2017年3月29日、アフガニスタンの首都カブールにて、中国とアフガニスタンの「一帯一路」共同建設シンポジウムが開催された。このシンポジウムで、アフガニスタンのヘクマト・カルザイ外務副大臣は、「アフガニスタンは中央アジア、南アジア、中東、中国とと接しており、この地の利をもって一帯一路構想の実施を進めれば、アフガニスタンは多大な発展のチャンスを得るだろう。中国アフガニスタン間の定期貨物列車の開通と、カブール—ウルムチ間の定期直行便の再開は両国の実務協力の手本となる」と述べている。

Mansour Al Derei

アラブ首長国連邦

――自己紹介をしてください。

私はMansour、アラブ首長国連邦から来ました。清華大学の学生です。

――あなたは「一帯一路」についてどうお考えですか？

「一帯一路」は私たちにとってとても重要なものです。わが国は中東にあり、昔から中国とは交通や貿易で関わってきました。

――今回の活動に参加して、いかがでしたか？

私は多くの国の人々から学び、彼らの文化を理解したいと思います。私はユネスコとボランティアの方々に感謝しています。彼らのおかげで私はとても楽しく過ごすことができました。

――あなたは中国をどのような言葉で表現しますか？

幸福です。私は中国が好きです。

アラブ首長国連邦 United Arab Emirates

アラビア半島東部に位置し、ペルシャ湾に面している。人口は930万人、そのうち外国籍が88.5％を占め、インド、パキスタン、エジプト、シリア、パレスチナ等から来た人々である。住民の多くはイスラム教徒でスンナ派が多数を占めている。公用語はアラビア語で英語も広く使われている。

【「一帯一路」の新しい成果】

2016年10月16日、中国建築第六工程局有限公司と中建中東有限責任公司はドバイにてドバイシリコンバレーパークプロジェクトの分担工事契約に署名した。このプロジェクトは2017年に定礎が行われ、「一帯一路」の模範的プロジェクトの一つである。

2016年12月30日、中建鋼構有限公司北方大区は、中東で首位のドバイ最大かつ最先端のクリーン石炭火力発電所——ハッシャンクリーン石炭火力発電所の第一期鉄骨構造設置工事を落札した。ドバイハッシャンクリーン石炭火力発電所プロジェクトは、「ドバイ統合エネルギー戦略2030」における重点項目であり、アラブ首長国連邦のエネルギー安全戦略の重要な構成要素である。

Abdulwahab Abdullah Darwish AL Maimani

オマーン

——自己紹介をしてください。

私はAbdulwahab、オマーンから来ました。

——中国とオマーンの関係についてどうお考えですか？

歴史的にも、オマーンと中国はシルクロード貿易のパートナーとして多くの交易をおこなってきており、両国の関係はオマーン商人により引き継がれ、中国にも深い痕跡を残しています。この全く新しい「一帯一路」も非常に有効で、二国間を結び付け、さらに効果的なビジネス体系を形成することができると思っています。

——今回の活動に参加していかがでしたか？

今回のフォーラムによって、中国について知らなかった多くの知識や、中国とその他の国々との関係を知ることができました。フォーラムを通して、オマーン人がかつて泉州に非常に雄大な記念碑を立て、それが中国の文化遺産になっていることを知りました。

——あなたは中国をどのような言葉で表現しますか？

一言で表すとすれば「驚きと輝き」です。中国について一言言うとすれば、平穏と同時に喜びを得られる場所だと言えるでしょう。

オマーン Oman

アラビア半島東南部に位置し、面積は30.95万平方キロメートル。アラブ首長国連邦、サウジアラビア、イエメンと国境を接し、オマーン湾とアラビア海に面している。陸地面積における砂漠の割合は82%、人口は409.2万人（2014年12月）である。イスラム教を国教とし、90%のイスラム教徒がイバート派に属している。公用語はアラビア語で、英語が広く使われている。

【「一帯一路」の新しい成果】

2017年4月19日、中国—オマーン（ドゥクム）工業団地の定礎式典と契約セレモニーがオマーンドゥクム経済特区で行われ、中国オマーン両国の「一帯一路」の枠組みにおける長期的協力関係が新章に突入した。中国—オマーン（ドゥクム）工業団地は面積11.72平方キロメートル、建設にかかる総投資額は670億人民元となる見込みで、石油化学工業、建築材料、電子ビジネスなど9つの分野が含まれている。定礎式典前に、双方は中国企業の10社が工業団地に契約加入することに同意した。その契約内容には、総投資額5.6億人民元の海水淡水化・臭素抽出プロジェクト、総投資額28億人民元の発電所プロジェクト、160億元の投資が見込まれる天然ガスからメタノールを製造し、メタノールからオレフィンを精製するプロジェクトも含まれている。

Jalil Ganbarov

アゼルバイジャン

——自己紹介をしてください。

私はJalil、アゼルバイジャンから来ました。サプライチェーンの専門家で、アゼルバイジャン青年コミュニティーの熱心なメンバーでもあります。

——「一帯一路」とアゼルバイジャンの関係についてどうお考えですか？

2015年、アゼルバイジャンと中国は「シルクロード経済ベルト」を発展させるための覚書に調印しました。アゼルバイジャンはすでに自由貿易に関連するインフラ建設に着手しており、これは中国ヨーロッパ間の貨物輸送の最短ルートの一部です。アゼルバイジャンは多くのヨーロッパとアジアの国々と通じているので、中国にとっても非常に理想的な相手だと言えます。

——現在世界が直面する問題を解決する方法は何だと思いますか？

全ての国は他国の価値観を理解し、互いに尊重し合うことができると強く思います。こうした思いやりは交流を通じてのみ実現可能で、これはまさに私たちが今日中国に集まった目的なのです。交流はより良い未来を作るための大事な要素です。

——今回の活動に参加していかがでしたか？

今回のフォーラムはユネスコがいかに努力して異文化間のつながりを強化し、より良い未来を創造しているかを示しています。また、笑顔と熱意、良心でもって見事にフォーラムを成功に導いたボランティアの方々に感謝します。彼らは確かに中国の未来そのものです。

——あなたは中国をどのような言葉で表現しますか？

中国はとても独特な国です。見た目が豊かであるだけでなく、多くの伝統的価値と、創意工夫する力を持っています。

アゼルバイジャン Azerbaijan

☞国の紹介と一帯一路の成果はP27を参照

Fazil Gasimov

アゼルバイジャン

——自己紹介をしてください。

私はFazil Gasimov、アゼルバイジャンから来ました。今はトルコのイスタンブールの銀行で働いています。また、アゼルバイジャンのNGOでも働いているのですが、この組織の目標はアゼルバイジャンの伝統と文化、とりわけ伝統的な音楽を保護・促進することにあります。

——「一帯一路」とアゼルバイジャンの関係についてどうお考えですか？

アゼルバイジャン政府は中国の「一帯一路」構想にしっかりと従い支持しており、いにしえのシルクロード再建の過程において、中国とアゼルバイジャンが共に利益を得る様子を見られてとても嬉しく思っています。アゼルバイジャンはシルクロード沿線に位置しているだけではなく、同地域のビジネスパートナーと中国とともに、いくつかのプロジェクトを発案、実施しています。例えば、去年アゼルバイジャンは周辺地域のビジネスパートナーとともにカスピ海を渡る道路を建設し、「一帯一路」沿線商品が何の障害もなく運送できるようになりました。

——今回の活動に参加していかがでしたか？

ボランティアの方々の熱意あるもてなしと、好意的で謙虚な様子がとても印象的でした。お互いの価値観、行動や考え方に似ているところがあることに気付き、とても嬉しいです。特別な思いを抱くことができて、感謝しています。

——あなたは中国をどのような言葉で表現しますか？

中国人は頭脳明晰、自律性があり努力家で、謙虚で礼儀正しいです。私は皆に世界のこうした側面に気付くように呼び掛けたいと思います。私たちの指導者に対しても、「一帯一路」サミットフォーラムでのいかなる決議もシルクロード文明の発展に多大な影響を及ぼす可能性があると訴えたいです。青年代表の一人として、青年の就職と全ての人々が均しく機会を得られるように時間を費やしてほしいと思います。

4月17日、「一帯一路」青年創意・遺産フォーラムが湖南省長沙市岳麓書院で開幕した。「一帯一路」65か国の沿線国家の青年代表たち、ユネスコの職員、関係国家の中国駐在使節など総勢100人余りがフォーラムに出席した。劉延東国務院副総理が中国内外の青年たちに挨拶の言葉を述べている。

アゼルバイジャン Azerbaijan

コーカサス東南部に位置し、北にはロシア、西部と北西部はアルメニア、グルジアと接し、南にはイラン、東はカスピ海に面している。人口は959万人、主にアゼルバイジャン人（90.6%を占める）である。主にイスラム教を信仰し、公用語はアゼルバイジャン語、住民の多くはロシア語を解する。

【「一帯一路」の新しい成果】

近年、中国とアゼルバイジャン間の貿易は順調に発展している。2016年、中国アゼルバイジャンの貿易額は7.58億ドル、前年同期比14.5%増であった。2015年12月アゼルバイジャンのイルハム・アリエフ大統領が中国を公式訪問した。両国は、中国アゼルバイジャン両政府間でシルクロード経済ベルトの建設を共に進めることへの了解覚書に署名し、両国の実務協力が新しい段階に入ったことを示した。アゼルバイジャンのアリエフ大統領は古くからの友好関係と、政治的信用関係の上に両国関係を築くことを重視すると表明している。中国が提示した「一帯一路」の構想とアゼルバイジャンの「いにしえのシルクロードの復興」戦略は図らずも一致し、アゼルバイジャン側は「一帯一路」の建設に積極的に参加し、両国が貿易経済、エネルギー、交通、観光など各方面で実務協力することを望んでいる。

Basma Medhat Mohamed Kamel

エジプト

——自己紹介をしてください。

私はBasma、エジプトから来ました。私の名前の意味は微笑みです。カイロ大学で機械工学を専攻している４年生です。

——中国とエジプトの関係についてどうお考えですか？

エジプト中国間の歴史は非常に長いです。今、中国とエジプト両国民の努力によって、両国の関係はますます良好になっています。

——現在世界が直面する問題を解決する方法は何だと思いますか？

世界をより良くするために、青年ネットワークを形成し、世界各国の若者が輝かしい未来を実現できるようにすべきだと思います。

——今回の活動に参加していかがでしたか？

エジプト代表として今回のフォーラムに参加させていただき、65か国の若者たちと私の考えを分かち合うことができ、ユネスコに感謝しています。

——あなたは中国をどのような言葉で表現しますか？

非常にもてなし好きだと思います。中国人は皆とても友好的なので、きっとまた来たいです。

エジプト Egypt

エジプトはアジア、アフリカという二大大陸にまたがっており、大部分はアフリカ東北部に位置し、スエズ運河以東のシナイ半島だけがアジア西南部に位置している。西はリビア、南はスーダンと接し、東は紅海とパレスチナ、イスラエルと接し、北には地中海を臨む。公用語はアラビア語である。

【「一帯一路」の新しい成果】

エジプト政府は「一帯一路」の建設を支持し、積極的に参加している。また首相が主導し各関係部署の責任者が参与する専門グループを形成し、毎月定期的に会議を開き、関連プロジェクトの実現に向けて働きかけている。またエジプトはアジアインフラ投資銀行（AIIB）の創設メンバーでもある。現在、エジプトでは中国企業主導による大規模な工事が数多く進められており、「スエズ運河回廊」、エジプト新行政首都などの大型プロジェクトがすでに行われている。中国はエジプトに向けて電気製品や服飾品などを輸出し、エジプトからは主に原油、液化石油ガス、大理石などを輸入している。中国はエジプトの最大の貿易パートナーとなっているのである。

Kadri Karolin Kouts

エストニア

——自己紹介をしてください。

私はKadri、エストニアから来ました。ビジネス記者をしていて、リテールマネジメント業界で働いています。

——「一帯一路」とエストニアの関係についてどうお考えですか？

エストニアは、古くからアジアとヨーロッパの玄関口という要地にあり、機会という名の窓が開かれ、エストニアが「一帯一路」構想の一員となるのを目の当たりにしました。

——現在世界が直面する問題を解決する方法は何だと思いますか？

私たちは互いの立場になって物事を考え、互いに理解し合うべきだと思います。互いの国や、文化そして宗教、全てについて言えることです。

——今回の活動に参加していかがでしたか？

今回のフォーラムには多くの人々が集まりましたが、それぞれの社会に対して何らかの貢献をしたいと思いました。将来、今回のフォーラムで学んだ知識を実践で役立てたいと思います。

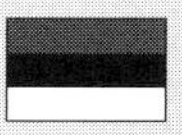

エストニア Estonia

バルト海の東岸に位置し、東はロシアと接し、南はラトビア、北はフィンランド湾に面している。人口は131.3万人（2015年1月現在）。主要民族はエストニア人、ロシア人、ウクライナ人、ベラルーシ人である。主要な宗教はキリスト教ルター派、ギリシャ正教、カトリック教。公用語はエストニア語で、英語やロシア語も広く使われている。

【「一帯一路」の新しい成果】

2016年11月、第五回中国—中東欧諸国首脳会議の会期中に世福資本管理有限公司・エストニアRichmond Capital会社、中国鉄建国際集団有限公司はエストニア北海岸物流団地プロジェクトの協力覚書に署名した。当該プロジェクトの協力意向書はすでに署名されており、2017年に着工予定である。

2016年5月、中国エストニア両国は、「エストニア共和国農村事務局と中華人民共和国国家品質監督検査検疫総局のエストニアの乳製品の中国輸出における畜産衛生と公共衛生条件に関する議定書」に署名し、エストニアの乳製品が中国の市場の正門を開くこととなった。

Abdullah Bin Shabbir

パキスタン

——自己紹介をしてください。

私はパキスタンから来たAbdullah Bin Shabbirで、医学生です。

——「一帯一路」とパキスタンの関係についてどうお考えですか？

経済の面だけでなく、地縁政治の面においても、パキスタンにとって「一帯一路」の構想はとても重要です。「一帯一路」の構想はパキスタンとその他の国にとっても重要で、ビジネスや就職の機会を提供することでしょう。

——今回の活動に参加していかがでしたか？

今回の活動をとりまとめてくださったユネスコ、そして長沙市と泉州市政府に感謝しています。この活動によって私は非常に励まされ、視野が開けました。そして中国に来る前に抱いていた先入観を消し去ってくれました。

私たちの抱える問題を解決するには、皆で手を取り合い協力し、各国の国民を単位とするのではなく、全世界の住民が共に行動する必要があります。しっかりと腰を落ち着けて話し合い、互いに耳を傾け、理解し合えば問題を解決できると考えます。こうすることでやっと世界をより素晴らしいものにする方法を探り当てることができるのです。

パキスタン Pakistan

南アジア亜大陸北西部に位置し、東北部は中国と隣接し、海岸線は980キロメートル、総面積は796095平方キロメートル（パキスタン統治下のカシミール地方は除く）。人口は1.97億人。ウルドゥー語を国語とし、英語が公用語である。95％以上の住民がイスラム教（国教）を信仰し、少数だがキリスト教、ヒンズー教、シク教の信者もいる。中国とパキスタンは全天候型戦略的パートナーシップ関係である。

【「一帯一路」の新しい成果】

2016年5月21日、習近平国家主席はパキスタンのマムヌーン・フセイン大統領に中国パキスタン国交樹立65周年の祝電を送った。習近平主席は祝電の中で、中国はパキスタンを「一帯一路」建設における重要なパートナーだと考えており、中国パキスタン経済回廊の建設は、中国パキスタン運命共同体を作り上げるための強固な基盤になるであろうと述べている。

2016年1月11日、「中国パキスタン経済回廊」における最初の大型水力発電プロジェクト——パキスタンカロット水力発電所の主要部の工事が正式に着工した。

2016年11月、グワダル港が正式に開港したが、これによりグワダル港にとって初めての海外へ向けたコンテナの大規模な輸出が可能となった。また、パキスタンのシャリフ首相が開港セレモニーを主催した。

Mahmoud N.M. Almughany

パレスチナ

——自己紹介をしてください。

私はMahmoud Almughany、パレスチナから来ました。中国の西安交通大学で学んでいます。

——中国とパレスチナの関係についてどうお考えですか？

中国政府とわが国の政府の関係は非常に良好です。政治的つながりがあるだけでなく、工業上のつながりもあります。実際のところ、私の国は非常に特殊な状況にありますが、中国人と中国政府はいつも私たちを支えてくれています。

——今回の活動に参加していかがでしたか？

今回のフォーラムはとても好感触でした。中国の長沙と泉州に行きましたが、きっと懐かしく思うでしょう。ユネスコと中国政府を支持する全ての人々と、フォーラムのために尽力した一人ひとりに感謝しています。

——あなたは中国をどのような言葉で表現しますか？

非常に素晴らしいです！

私は中国を愛しています。

一緒に中国で会議を開きましょう。

パレスチナ Palestine

アジア西部に位置し、アジア、アフリカ、ヨーロッパの３大陸に通じる交通の要衝で、面積は5884平方キロメートルである。人口は約1200万人、そのうちガザ地区及びヨルダン川西岸の人口は481万人（2016年3月）、その他は外国に逃れた難民や外国に住む人々である。アラビア語が広く使われ、主な宗教はイスラム教である。

【「一帯一路」の新しい成果】

2017年4月19日、「パレスチナと一帯一路」、中国パレスチナ経済貿易協力投資シンポジウムの中でパレスチナのファリス・マダウィ中国駐在大使は、「一帯一路は共に利益を得るという前提のもとに、中国パレスチナ双方の良好な相互作用をもたらすことを意味しており、さらに多くの中国企業が一帯一路構想のもとにパレスチナに来てほしいと思っている」と述べている。さらに彼は現段階において、中国パレスチナ間の交流は人文交流の面に集中しているが、実際にはインフラや観光などの分野にも多くの提携のチャンスがあるとしている。パレスチナは好機の土地であり、パレスチナで投資をすることで提携のチャンスが他のアラブ諸国にも広がるだろう。さらに、いくつかの大きなプロジェクトも大きな後押しを受けている。

Ali Alnashaba

バーレーン

——自己紹介をしてください。

こんにちは、私はAli、西安交通大学の医学生です。

——中国とバーレーンの関係についてどうお考えですか？

バーレーンと中国の関係は良好ですが、さらに良くなると思います。

——今回の活動に参加していかがでしたか？

国際青年フォーラムは自分をレベルアップさせるとても良い機会でした。ユネスコがこの機会を与えてくれたことに感謝していますし、便宜を図ってくれたボランティアの方々にも感謝しています。

——あなたは中国をどのような言葉で表現しますか？

中国は文化遺産を救い、未来を切り開くという面で世界の模範だと思います。

バーレーン Bahrain

バーレーンはペルシャ湾西部に位置する島国。カタールとサウジアラビアの間にあり、国土面積は767平方キロメートル。バーレーンとサウジアラビアは海上橋によって結ばれている。言語はアラビア語と英語である。85%の住民がイスラム教を信仰している。

【「一帯一路」の新しい成果】

2017年1月、バーレーン王国首都省ヒシャム知事はマスコミの取材を受け、中東の奥地にあるバーレーンは、特に恵まれた地理的優位性でもって中国の「一帯一路」の目指す未来を全力で支持し、「一帯一路」の発展を推し進めることができると述べた。

中国の多くの大企業がすでにバーレーンで営業を始めており、その中には華為（ファーウェイ）、中国銀行、中国太平洋保険集団股份有限公司、中国中東貿易投資促進中心などがある。

マレーシアの娘Sheueliが自分で焼いた陶器の壺に漢字で「一帯一路 長沙」の文字を書いている。

Nadzeya Papkova

ベラルーシ

――自己紹介をしてください。

私はNadzeya、ベラルーシから来ました。電力エンジニアをしていて、わが国最大の模擬国連組織の構成員です。

――「一帯一路」についてどうお考えですか？

「一帯一路」はわが国の未来にとって重大な意義があります。私たちは中国政府と手を携えて多くの作業区域や、新施設、物流センターを作るでしょう。

私たちが力を合わせれば、今私たちが直面する全ての問題に対処する十分な力が生まれると思います。この国際青年フォーラムは文化の垣根を越えて国際協力するための最良の手本だと思います。

――今回の活動に参加していかがでしたか？

今回の国際青年フォーラムはとても強力な道具です。フォーラムによって、世界各地から来た人々の交流が促進され、共に創造することができました。それと同時にこのフォーラムは世界各地の青年達が知り合い、共に有意義なものを創造することに手を貸してくれました。国際団体が交流するのに適した場所だと思います。

――あなたは中国をどのような言葉で表現しますか？

多様性です。中国はとても素晴らしい国で、多様な文化と豊かな伝統を備えています。

ベラルーシ Belarus

東ヨーロッパ平原西部に位置し、東にはロシア、北、西北にはラトビアとリトアニアと接し、西はポーランド、南はウクライナと接している。人口は950.5万人（2016年10月）。民族は100を超え、その中でベラルーシ人が81.2%を占めている。

【「一帯一路」の新しい成果】

中国はベラルーシの第三の貿易国であり、アジアでは最大の貿易パートナーである。

中国ベラルーシ両国が共同で建設を進めている「グレートストーン」工業団地は、2017年4月末に団地の建設一期「起歩区」のインフラ建設が完成した。これはベラルーシにとって初のグローバル化工業団地で、完成すればヨーロッパ、アジア市場に向けての重要な枢軸となり、「一帯一路」の中で代表的なプロジェクトとなるだろう。2017年4月20日、中国、ベラルーシ、ドイツ、カザフスタン、モンゴル、ポーランド、ロシアの七国鉄道関係部署は「中国欧州国際定期貨物列車協力促進に関する協議」に署名した。

Denislav Stoychev

ブルガリア

――自己紹介をしてください。

私はDenislav Stoychev、ブルガリアから来ました。私はカメラマンで、撮影基金会のプロジェクトコーディネーターを務めています。

――「一帯一路」についてどうお考えですか？

この初めての試みを支持します。このグローバル化した世界において、中心となっているのはやはり西洋の工業国です。アジアの国々は世界の他の国々に後れを取っており、私はこの試みが全世界の力の均衡化を実現し、アジアの国がもっと表舞台で活躍できるようになると思います。

――あなたは中国をどのような言葉で表現しますか？

中国は明るいです。

希望に満ちています。

全ての人が常に幸運でありますように。

ブルガリア Bulgaria

ヨーロッパ大陸バルカン半島東南部に位置し、北にはドナウ川を隔ててルーマニアに臨み、西はセルビア、マケドニアと接し、南はギリシャ、トルコと接し、東は黒海に面している。人口は717.8万人（2015年）。そのうちブルガリア人は84%を占めている。ブルガリア語が公用語で、通用語でもあり、トルコ語は主要少数民族に話されている。

【「一帯一路」の新しい成果】

「16＋1」の協力構造の中で、豊富な農産物と乳製品によって、ブルガリアは中国と中央および東ヨーロッパの国々の農業協調国となっている。2017年4月、ブルガリア「一帯一路」全国連合会が首都ソフィアで成立、中国ブルガリアの「一帯一路」建設への協力体制がさらに強力なものとなった。ブルガリア外務省のオルベッツォフアジア太平洋局長は、「一帯一路」全国連合会は、ブルガリアと中国の関係発展のための長期的に有効な足場となり、ブルガリア政府と国民が全面的に「一帯一路」構想を理解し、参加することを促進する強力な作用を発揮するだろうと述べている。

Marek Maciej Swidrak

ポーランド

――自己紹介をしてください。

私はMarek Swidrak、ポーランドから来ました。弁護士で、芸術歴史学者、美術商でもあります。

――「一帯一路」とポーランドの関係についてどうお考えですか？

「一帯一路」の構想には感激させられます。ポーランドでは新シルクロードと呼んでいます。ポーランドは「一帯一路」の一部であり、そこから得られるものは多く、良質で、とりわけウッチの街にとって有益であると思います。

――今回の活動に参加していかがでしたか？

中国で今回の青年フォーラムに参加できて嬉しいです。とても素晴らしい活動で楽しかったです。

――あなたは中国をどのような言葉で表現しますか？

中国は私にとってとても神秘的な国で、中国を一つの形容詞で表すとすればそれは多様化です。

首都はワルシャワ、人口は3843万人（2016年11月）。そのうちポーランド人は98%を占めている。ヨーロッパ中部に位置し、西はドイツ、南はチェコとスロバキアに接し、東はロシア、リトアニア、ベラルーシ、ウクライナと接し、北はバルト海に面している。公用語はポーランド語。全国約90%の住民がローマ・カトリック教を信仰している。

【「一帯一路」の新しい成果】

2016年10月10日、習近平主席とポーランドのドゥダ大統領は、シルクロード国際フォーラム及び中国ポーランド地方・経済貿易協力フォーラムの開幕式に出席した。2013年から2016年にかけて、中国ポーランド二国間の貿易額は148億ドルから176億ドルに増加し、年平均成長率は6%であった。ポーランドの乳製品、酒類、果物など高品質な農産品はすでに中国の消費者の食卓に上っている。中国のポーランドの非金融類に対する投資額は1.6億ドルから3.7億ドルに増加している。現在、中国企業はポーランドにて7つのプロジェクトを請け負っており、その総額は3.6億ドルである。

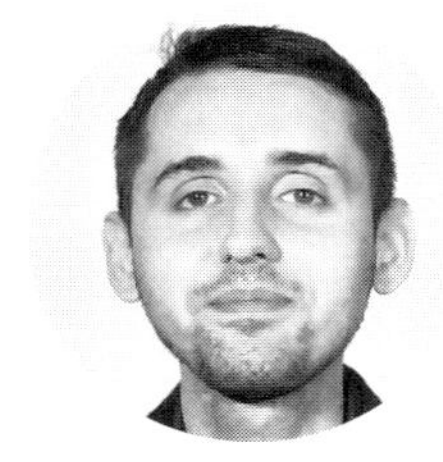

Alen Hadziefendic

ボスニアヘルツェゴビナ

——自己紹介をしてください。

こんにちは、私はAlen Hadziefendic、ボスニアヘルツェゴビナから来ました。今は心理学者をしています。

——「一帯一路」についてどうお考えですか？

「一帯一路」の構想について、わが国はもっと積極的にこの構想に関係する問題を注視するべきだと思います。

——今回の活動に参加していかがでしたか？

このフォーラムに参加できてとても嬉しいです。異なる文化が一堂に会するとき、新しい考え方が生まれます。それによって、世界各国のとりわけシルクロード沿線国の伝統と文化を発展、保護することができるので、非常に重要だと思います。

——あなたは中国をどのような言葉で表現しますか？

私は「辣」という言葉で表現したいです。辛い。なぜなら食べ物がとても辛いからです。

ボスニアヘルツェゴビナ Bosnia and Herzegovina

バルカン半島中西部に位置し、南、西、北の３方面がクロアチアと接し、東はセルビア、モンテネグロと接している。総人口は382万人（2014年）。主要民族はボシュニャク人（旧ユーゴスラビア時期におけるムスリム）で、総人口の43.5%を占めている。公用語はボスニア語とセルビア語、クロアチア語である。

【「一帯一路」の新しい成果】

シュタイナー火力発電所は総発電量30万キロワットのガス火力発電所プロジェクトで、中国の会社が工事を担当し、2016年1月に初めての送発電に成功した。シュタイナー火力発電所は中国ーボスニアヘルツェゴビナ国交樹立以来初となる大型インフラ協力プロジェクトである。

ボスニアヘルツェゴビナのセルナダック外務大臣は「一帯一路の構想は沿線国の人々の生活を改善し、さらにこれらの国々の経済発展を促進することができる偉大な事業である。この構想は中国ーボスニアヘルツェゴビナの実務協力に新しい契機をもたらした。」と述べている。

4月17日の夜、大規模な花火大会が湘江の橘子洲で行われた。咲き誇る花火は夜空と川面を照らしただけではなく、各国青年の心意気にも火を付けた。

Dorji Wangdi

ブータン

——自己紹介をしてください。

私はDorji Wangdi、高校の卒業生です。

——「一帯一路」についてどうお考えですか？

私の国は「一帯一路」建設に関わっています。これはかなり良い機会であり、わが国が世界に視野を広げることにもつながります。私たちは異なる文化からやって来て、民族も、話す言葉も違います。もし世界をより良いものにしたいなら、団結することが必要です。地球は皆のものです。私たちは互いの手を携えて共に行動するべきです。

——今回の活動に参加していかがでしたか？

今回のフォーラムで多くのことを学びました。私にこのような機会をくれて、ユネスコに感謝しています。同時に期間中楽しく過ごさせてくれたボランティアの方々に深く感謝しています。

——あなたは中国をどのような言葉で表現しますか？

中国は美しい国で、中国国民は素晴らしいです。本当に素晴らしい！

ブータン Bhutan

ブータンはヒマラヤ山脈の東の端の南斜面に位置し、東、北、西の三方向が中国と接しており、南はインドと接している内陸国である。国土面積は約3.8万平方キロメートル、人口は約78万人である。そのうちブータン人は総人口の50%を占めており、ネパール人が約35%を占めている。公用語はブータン語「ゾンカ語」で、チベット仏教（ドゥク派）を国教としている。

【「一帯一路」の新しい成果】

2016年6月までの、中国のブータンにおける調印済みのプロジェクト累計契約額は1106万ドル、完成売上高は102万ドルである。

2014年2月、文化省は中国芸術団を組織し、ブータンの首都ティンプーに派遣して公演を行った。2015年11月、ブータン政府の職員が中国を訪れ、中国一ブータンのサッカーの試合を通して意見交換したのち、北京とラサを訪問、参観した。2016年10月、ブータン王国のレキ・ドルジ農業大臣は、各部署の代表団を率いて中国を訪問した。

Fernando Avelino Teofelo Ximenes

東ティモール

——自己紹介をしてください。

私はFernando、東ティモールから来ました。国際関係専攻の学生であると同時に東ティモールのシンクタンクのメンバーでもあり、主に平和と衝突、社会について研究しています。

——「一帯一路」についてどうお考えですか？

「一帯一路」は人々の距離を縮める斬新な経済計画であり、さらに大きな融合度の経済発展を目指すものです。中国はずっと他国との関係を重視してきました。ここ数年、わが国の政府は積極的に「一帯一路」の対話と会議に参加してきました。中国の平和が浸透するにつれて、巨竜は世界に向かい、さらなる繁栄を生み出し、各国を団結させ、国際秩序を改善し、発展途上国、とりわけ東ティモールにさらに多くの機会をもたらすと信じています。

——現在世界が直面する問題を解決する方法は何だと思いますか？

古くから世界は経済システムを中心に発展してきました。今、経済それ自体がすでに危険な要素となっており、この経済システムを変えることが目下の急務だと強く感じています。団結と、経済社会発展のバランス、そして持続可能な包容社会に根差した経済システムを作らなければなりません。

——今回の活動に参加していかがでしたか？

まず、私は今回のフォーラムで多くのことを学び、多くの友達ができて、互いの考えを語り合いました。フォーラム中、世界の経済社会問題を解決するための基本となる手段は文化であると気付きました。世界文明大国の意識が覚醒するとともに、文化は全ての社会と経済の枠組みの中でリーダー的役割を担い、人類が直面するあらゆる問題を解決できると信じています。

――あなたは中国をどのような言葉で表現しますか？

様々なものを受け入れ蓄える国です。これは盲目的に異なる社会の考え方を受け入れるという意味ではなく、中国には独自の観点があり、正しい方法でより良い世界を作っているのです。

東ティモール Timor-Leste

ヌサ・トゥンガラ群島の東端にある島国で、ティモール島の東部西部と北海岸のオエワシ地区、その付近のアタウロ島と東端のジャコ島からなる。総人口は116.7万人（2015年の国勢調査のデータによる）で、そのうち78%が原住民（パプア人とマレー人或いはポリネシア人の混血人種）で、20%がインドネシア人、2%が中国人である。約91.4%がカトリック教を信仰している。テトゥン語とポルトガル語が公用語、インドネシア語と英語がビジネス言語で、テトゥン語は通用語であり主要民族言語である。

【「一帯一路」の新しい成果】

2015年9月2日、習近平主席は北京の釣魚台国賓館で東ティモールのルアク大統領と会見した。

2015年1月8日、東ティモール総理は入札書を発行し、中海外交通建設有限公司が率い、中海外交通建設有限公司と中鉄一局集団有限公司からなる共同経営会社が、東ティモールのSuai-Beaco高速道路第1段階プロジェクトの入札に成功した。契約金額は2.98億ドルで、これが中国中鉄股份有限公司の東ティモール市場への初進出となった。

Nargiz Aituganova
ロシア

——自己紹介をしてください。

私はNargiz、ロシアから来ました。文化遺産の研究をしている大学院1年生です。

——「一帯一路」についてどうお考えですか？

「一帯一路」はわが国のインフラ建設の発展を大きく変化させると思います。

——現在世界が直面する問題を解決する方法は何だと思いますか？

私たち自身が自分の消費する物や、自分の置かれた環境に多くの関心を払うことから始めるべきだと思います。

——今回の活動に参加していかがでしたか？

今回のフォーラムで、自国で実施されている多くのプロジェクトに対する考えに刺激を受けました。非常に友好的で、インスピレーションにあふれた参会環境を用意していただき、ユネスコと中国、ボランティアの方々に感謝しています。

——あなたは中国をどのような言葉で表現しますか？

世界です。ここはまるで別世界です。

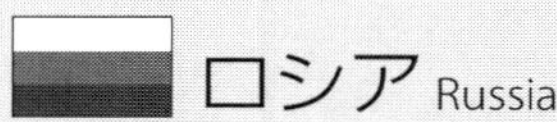

ロシア Russia

面積は1709.82万平方キロメートル、ヨーロッパ、アジアの二大陸にまたがる世界最大の領土をもつ国である。人口は1.46億人、民族は194、そのうちロシア人が77.7%で、世界有数の多民族国家である。ロシア語がロシア連邦全土の公用語である。主要な宗教はギリシャ正教。

【「一帯一路」の新しい成果】

2015年6月、中国ロシア天然ガスパイプ東ルート（「パワー・オブ・シベリア」）の中国国内の敷設工事が正式に着工した。

2016年6月、「モスクワ―カザン高速鉄道」プロジェクトを締結、これは中国高速鉄道の対外輸出第一弾となり、総投資額は167億ドル、二都市間の列車運行時間は12時間から3.5時間に短縮される見込みである。

2016年11月19日、習近平国家主席は、リマでロシアのプーチン大統領と会見し、プーチン大統領は、ロシアは中国と共にユーラシア経済連合と「一帯一路」建設を合わせて進めて行きたいと表明した。

Katrina Coleen Bayog

フィリピン

――自己紹介をしてください。

私はKatrina、フィリピンから来ました。フィリピンでは非営利組織でプロジェクトの責任者をしています。

――「一帯一路」とフィリピンの関係をどうお考えですか？

フィリピンは、常に隣国と良好な関係を保ってきました。アジアだけでなく、その他の「一帯一路」沿線の国々とも友好関係を維持しています。今回のプロジェクトは沿線国家間の関係を強めるための絶好の機会だと思います。

――現在世界が直面する問題を解決する方法は何だと思いますか？

新しい事業を増やすとともに、遺産の保護を進めるべきだと思います。今回のフォーラムで私の国だけでなく、その他の「一帯一路」沿線国もさらに多くの創意に富んだ産業を発展させるべきだと学びました。同時に原点に戻って、自分たちの文化と遺産を保護することを考えなければなりません。

――今回の活動に参加していかがでしたか？

まず、今回のフォーラムを組織したユネスコと中国政府に感謝します。私はフォーラムで多くのことを学びました。フォーラムのおかげで視野が開け、異なる文化に触れ、私の国と中国との関係を深めることができました。同時に一人のフィリピン人として、新しい産業を発展させ、自分たちの文化遺産を保護することが大事なのだと気付くことができました。

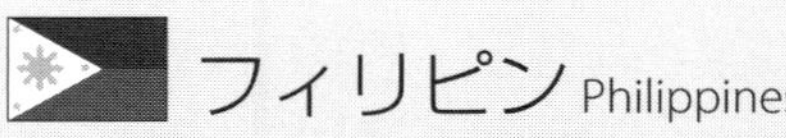

フィリピン Philippines

フィリピンはアジア東南部に位置している。北はバシー海峡を隔てて台湾を遥かに臨み、西は南シナ海、東は太平洋に面している。大小合わせて7000の島からなり、そのうちルソン島、ミンダナオ島、サマール島など11の主要な島々が総面積の96%を占めている。海岸線の長さは約18533キロメートル。

【「一帯一路」の新しい成果】

中国とフィリピンの経済貿易協力は、主に貿易、投資、工業団地建設、重要インフラ建設、多角的地域協力などの方面で現れている。中国フィリピン双方は、すでにフィリピンでの工業団地建設を共に進めることが決定しており、フィリピンの現代化、工業化を進めている。2017年4月、第30回東南アジア諸国連合（ASEAN）首脳会議においてフィリピンのドゥテルテ大統領は、「一帯一路」は中国が提起した経済発展の理論であると同時に、隣国の経済発展を助け、市場を拡大していると述べた。さらにドゥテルテ大統領は、中国がフィリピンの橋梁建設プロジェクトの支援を承諾したことに触れ、中国に感謝の意を示し、フィリピンの発展にさらなる便宜を図ることを期待していると述べた。

興奮して花火を見ている青年たち。

Nino Rcheulishvili

ジョージア

——自己紹介をしてください。

私はNino、ジョージアから来ました。北京理工大学で学んでいて、専攻は生命科学です。今は博士課程に在籍しており、中国に来て今年で二年目です。

——「一帯一路」についてどうお考えですか？

「一帯一路」は沿線国にとって重要であるだけでなく、全世界にとっても非常に大きな意義があると思います。

——現在世界が直面する問題を解決する方法は何だと思いますか？

素晴らしい世界を作ることは決して難しいことではないと思います。皆が誠意をもって自分のするべきことしっかりやり、できるかぎりの努力をして互いに尊重し合い、互いの文化をも尊重することが最良の方法です。誠実に仕事をこなし、相手の身分にかかわらず、互いを尊重することです。

——今回の活動に参加していかがでしたか？

今回のフォーラムにはとても感動しています。なぜなら私にとって絶好の機会であり、「一帯一路」沿線から来た異なる国々の人々と出会うことができ、二つの美しい都市で、中国の文化に対しこのように素晴らしい体験もすることができました。このフォーラムはある意味でとても良い挑戦だと思います。私たちに豊富で良質な利益をもたらすだけでなく、全世界にとっても重要な意義があります。私たちは他の人々に対してもこのような見本を示し、こうしたフォーラムをどんどん開催すべきだと思います。

——あなたは中国をどのような言葉で表現しますか？

広く豊かです。

ジョージア Georgia

南コーカサス中西部に位置している。北にはロシアと接し、東南と南部はアゼルバイジャンとアルメニアと接し、西南はトルコと接し、西は黒海に面している。人口は372万人、主要民族はジョージア人（86.8%を占めている）。公用語はジョージア語で、住民の多くはロシア語にも通じている。

【「一帯一路」の新しい成果】

2015年3月、中国とジョージアは「シルクロード経済ベルト」を共に建設するための協力強化に関する覚書に署名した。ジョージアは、中国が東欧地域で自由貿易協定交渉を始めた最初の国である。ジョージアはアジアインフラ投資銀行（AIIB）の創設メンバーであり、いち早くAIIBの規定に批准した国の一つである。

2015年10月、ジョージアと中国は「2015トリビシシルクロード国際フォーラム」を共同開催し、34の国々がこのフォーラムに参加した。このフォーラムは沿線国と国際組織に、ハイレベルな交流の場を提供し、国家間や組織間の運輸、エネルギー、貿易、ビジネスの協力の促進に積極的な役割を果たした。

Polina Shakula

カザフスタン

——自己紹介をしてください。

私はPolina、カザフスタンから来た記者です。私はカザフスタンで生まれ育ちましたが、私の国には5000キロメートルのシルクロード地帯があります。

——あなたは中国をどのような言葉で表現しますか？

中国の土地が広く、物が豊富であることに強い印象を受けました。以前から、中国は偉大な国民と悠久の歴史を持つ国だと思っていました。

——中国とカザフスタンの関係についてどうお考えですか？

中国が文化遺産を保護してきた経験に学ぶべきだと思います。

カザフスタン Kazakhstan

アジア中部に位置している。北はロシア、南はウズベキスタン、トルクメニスタン、キルギスタンと接し、西はカスピ海に面し、東は中国に接している。人口は1792.6万人（2016年1月）で、50%以上の住民がイスラム教（スンナ派）を信仰している。この他に、ギリシャ正教、カトリック教、仏教なども信仰されている。140の民族がおり、そのうちカザフ人が65.5%を占め、ロシア人が21.4%を占めている。

【「一帯一路」の新しい成果】

2016年、中国カザフスタン両国の貿易額は130.93億ドルであった。2015年3月、両国は「中国一カザフスタン生産能力協力」計画に署名し、これには広範にわたる分野の33部の生産能力協力文書が含まれており、プロジェクトの総額は236億ドルに達する。2016年9月、中国カザフスタン両国は「シルクロード経済ベルト」と「光の道」という新しい経済政策をマッチングさせる計画に署名した。両国の生産能力協力は正常化協力構造を形成し、51の重点プロジェクトを取り決め、総額は270億ドルに達した。現在、中国カザフスタンは石油ガスなどの分野で良好な協力関係を築いている。両国は、中国で初となる越境オイルライン—中国カザフスタンオイルラインを共同建設した。

Almira Mucic
モンテネグロ

――自己紹介をしてください。

こんにちは、私はAlmira、モンテネグロから来ました。上海交通大学の学生で、社会福祉活動に尽力しています。

――現在世界が直面する問題を解決する方法は何だと思いますか？

私たちは他人の文化を尊重し、心を開き、寛容な態度で他人に応対するべきです。

――今回の活動に参加していかがでしたか？

今回のフォーラムは大きな成功を収めました。若者にとっても、中国の文化とその他の沿線諸国の文化を体験するユニークな機会だったと思います。

――あなたは中国をどのような言葉で表現しますか？

一言で表すなら、「長い歴史」です。中国は独特な国で、伝統も価値観も歴史が非常に長いです。

モンテネグロ Montenegro

バルカン半島中西部に位置し、面積は1.38平方キロメートル。西南部地区はアドリア海に面し、海岸線は293キロメートルである。西部と中部は丘陵平原地帯で、北部と東部は高原と山地である。公用語はモンテネグロ語で、主な宗教はギリシャ正教である。人口は約63万人。モンテネグロ人が43.16%、セルビア人が31.99%を占めている。

【「一帯一路」の新しい成果】

モンテネグロは、中国・中東欧諸国協力と、中国の「一帯一路」構想の積極的な参加者である。2014年12月14日、中国の会社が工事を担当したモンテネグロ南北高速道路Smokovac－Matsevo区間のプロジェクトが正式に始動した。プロジェクトが達成されれば、相互接続が実現し、バール港の競争力の強化、モンテネグロと周辺国の経済発展が見込まれる。2017年3月4日、モンテネグロのマルコビッチ首相は交通・海運大臣、観光・持続可能発展大臣と財務大臣を引き連れ、モンテネグロ高速道路の工事現場を視察した。マルコビッチ首相は中国企業がモンテネグロで工事を進める傍ら、社会的責任を果たし、現地住民の水道、電気の使用状況の改善を進めたことを高く評価した。

Algul Midin Kyzy

キルギス

——自己紹介をしてください。

私はAlgul、キルギスから来ました。北京言語大学の博士課程で学んでいます。

——「一帯一路」についてどうお考えですか？

「一帯一路」の構想は私の国と密接な関係があります。なぜなら、キルギスは中国の良き隣人であり、古代シルクロードもキルギスを通っていたからです。

「一帯一路」によって調和のとれた世界になることを期待しています。

——今回の活動に参加していかがでしたか？

今回の活動に参加できて嬉しいです。本当に得難い機会です。この機会を与えてくれた先生方に感謝しています。

——あなたは中国をどのような言葉で表現しますか？

完璧です。中国は偉大な国で、とても深くて面白い文化を持っています。私は中国が好きです。

キルギス Kyrgyzstan

中央アジア東北部に位置し、北はカザフスタン、西南はタジキスタン、西はウズベキスタン、東南と東は中国新疆ウイグル自治区に接している。人口は678万人（2016年7月）で、80の民族がおり、そのうちキルギス人が69.2%、ウズベク人が14.3%を占めている。70%の住民がイスラム教を信仰し、多くはスンナ派である。

【「一帯一路」の新しい成果】

中国はキルギスタンの第一貿易パートナーであり、二番目に大きな投資源国である。2016年の中国キルギス両国の貿易額は56.76億ドルで、前年同期比30.8%増である。その中で中国側の輸出額は56.05億ドルで、前年同期比30.9%増である。

2016年1月、キルギスのグリミラ・グダイベルディィエヴァ副首相は、「一帯一路」は東西文化をつなぎ、平和と友誼を象徴し、異なる地域の人文交流と世界各地の交流を象徴するものである。「一帯一路」はキルギスと中国の協力関係を強め、両国の協力はシルクロードの発展を促進し、互いの利を実現するだろうと述べた。

湖南の民俗街——火宮殿で、各国の青年代表と来賓が湘劇を鑑賞している。

Ouk Channita

カンボジア

——自己紹介をしてください。

私はOuk Channita、カンボジアから来ました。SIPAR Organizationという国際組織で連絡役兼財務助手をしています。組織の主な目的はカンボジアで図書館を広め、書籍を出版することです。

——「一帯一路」についてどうお考えですか？

「一帯一路」の構想は中国がシルクロード沿線の国々との交流を強めるための方法だと思います。私はカンボジアで、数々の中国による投資を目にしました。投資の範囲は広く、建築、工場など様々です。これにより中国とカンボジアの良好な関係が出現しました。この構想は協力関係をさらに強め、各国の経済を促進し、カンボジアの若者に就業の機会をもたらすと信じています。

——今回の活動に参加していかがでしたか？

カンボジアを代表して今回の国際青年フォーラムに参加できてとても誇りに思います。たった一人のカンボジアの青年が、代表としてこのフォーラムに参加できたのですから。今回のフォーラムのテーマははっきりしており、シルクロードの国々の創意と遺産について討議することにあります。それと同時に私も他の参加者とわが国の文化遺産を分かち合うことができました。代表者は65の国々から来ており、他国の青年に文化遺産を伝え、共有する絶好の機会だと思います。

カンボジア Cambodia

カンボジア王国はインドシナ半島南部に位置し、東部と東南部はベトナム、北部はラオス、西部と西北部はタイと接し、西はタイランド湾に面している。人口は約1500万人。20以上の民族がおり、主要民族はクメール人で、総人口の80%を占めている。クメール語を通用語とし、英語とフランス語が公用語である。仏教を国教とし、93%以上の住民が仏教を信仰している。

【「一帯一路」の新しい成果】

2015年4月、習近平主席はインドネシアのジャカルタでカンボジアのフン・セン首相と会見したときに、「一帯一路」の枠組みの中でインフラの相互接続協力を強め、シアヌークビル港経済特区の運営を進めて行くと表明した。翌年10月、習近平主席はカンボジアを公式訪問し、シアヌークビル港経済特区に新しい位置付け—「著しく発展するシアヌークビル港経済特区は中国カンボジア実務協力の模範」を与えた。

Petr Celý

チェコ

——自己紹介をしてください。

私はPetr Celý、チェコ共和国から来ました。今はチェコの警察部門で働いています。

——今回の活動に参加していかがでしたか？

今回のフォーラムは、優れた関係者の方々のサポートがあった上に、各国の代表たちも礼儀正しく、他国の文化や意見に理解を示していました。また、私たちを支えてくださったボランティアの方々に感謝します。彼らは私たちを支えてくれただけでなく、良き友人にもなりました。

——あなたは中国をどのような言葉で表現しますか？

中国国民は誇るべき政府と国家を手にしています。

私は各国の指導者に、人々に奉仕することを忘れないように、また人々は中国という友を必要としているのだということを伝えたいです。指導者には、思想が進歩的であってほしいと思います。人々は国家間で手を携え合うことを望み、隣国に好意を示すことを必要としています。

チェコ Czech

ヨーロッパ中部に位置している。東はスロバキア、南はオーストリア、西はドイツ、北はポーランドと接している。人口は1056万人（2016年）。そのうちチェコ人が90%以上を占めている。公用語はチェコ語。

【「一帯一路」の新しい成果】

2016年3月、習近平主席はチェコ公式訪問中に、ゼマン大統領とともに「中華人民共和国国家発展及び改革委員会とチェコ共和国工業貿易省のオンラインシルクロード建設協力を加速させ情報の相互接続の促進に関する覚書」、「中華人民共和国商務省とチェコ共和国工業貿易省の工業団地協力に関する覚書」などに署名した。両国元首は15項目の商業協力協議に共同署名し、総額は58.7億ドルであった。2016年6月、東方航空は上海―プラハの直行便を就航した。8月、四川航空は成都―プラハの直行便を就航した。

Ahmed Alobaidli

カタール

——自己紹介をしてください。

私はAhmed、北京科技大学で電子工学を専攻する学生です。

——「一帯一路」についてどうお考えですか？

中国はカタールを「一帯一路」の重要なパートナーとみなしており、私たちの経済協力は貿易のみにとどまらず、中国企業はHamad港建設のような大型プロジェクトに関わっています。

——現在世界が直面する問題を解決する方法は何だと思いますか？

経済発展した国は、経済未発達の国を援助すべきです。

貧しい人々や、寡婦、身体障害者の望みを満たすため、戦争を停止し、少なくとも罪なき人々を戦争から遠ざけなければなりません。

——あなたは中国をどのような言葉で表現しますか？

中国は過去の遺産をうまく保護しており、同時に経済を発展させています。

カタール Qatar

首都はドーハ、人口は234万人。ペルシャ湾西南岸のカタール半島に位置しており、南はアラブ首長国連邦と接している。公用語はアラビア語で、英語が広く使われている。住民の多くはイスラム教を信仰している。

【「一帯一路」の新しい成果】

2017年4月、中国都市発展研究会と、カタール国は共同で「一帯一路」国際学校プロジェクトを始動した。その主な内容は、双方が重慶市とカタールの首都ドーハに、同時に二つの国際学校を建設し、国際化教育運営団体を運営の基盤とし、中国と中東地域の国の文化を相互学習することを特色とした、世界で初となる「一帯一路」の文化融合をテーマとする学校を建設することである。

Danah A M A Almosa

クウェート

――自己紹介をしてください。

私はDanah、クウェートから来ました。建築家で、新聞記者でもあります。

――「一帯一路」とクウェートの関係についてどうお考えですか？

クウェートは常に商業を重視しており、それは近代社会においても同じです。私たちは過去にシルクロードやペルシャ湾、インド洋にて多くの交易を行ってきました。

――現在世界が直面する問題を解決する方法は何だと思いますか？

より良い世界を作るためには、多くの共通の道理を学び、人々と交流する必要があります。そうすることでやっと私たちを隔てる溝を消し去ることができるのです。

――今回の活動に参加していかがでしたか？

今回のフォーラムは世界各地の人を一堂に集め、若者が世界を変えることができるということを気付かせてくれました。

――あなたは中国をどのような言葉で表現しますか？

中国はとても温かく友好的な国です。異国情緒があり、豊かな文化と芸術、音楽、ハイテクもそなえ持っており、深く印象に残りました。

クウェート Kuwait

アジア西部、ペルシャ湾の西北岸に位置している。サウジアラビア、イラクと隣接し、東はペルシャ湾に面し、海を隔ててイランを臨む。人口は396.5万人で、そのうちクウェート国籍の人は124.3万人である。イスラム教を国教とし、住民の95%がイスラム教を信仰している。

【「一帯一路」の新しい成果】

2014年6月4日、「一帯一路」の共同建設についての了解覚書を中国と共に署名した。クウェートは「一帯一路」の共同建設に最も早く署名したアラブ諸国の一つである。同時にクウェートは創設メンバーとしてアジアインフラ投資銀行（AIIB）に加入し、クウェートと中国の経済貿易協力はさらに高い水準に達した。

クウェートの発展は中国企業の支援とは切り離せない。2016年、中国企業がクウェートで建設に関わったプロジェクトは69項目に達する。2015年、両国の新規契約額は10億ドルを超え、2014年の倍の増加率である。特に、エネルギー、通信、建築工事などの分野での大幅な増加がみられる。

Laura Ercegovic

クロアチア

――自己紹介をしてください。

　私はLaura、クロアチアから来ました。建築を学んでいる学生です。

――中国とクロアチアの関係についてどうお考えですか？

　クロアチアは古代の交易ルートにある国です。中国の目覚ましい発展は、クロアチアの発展をも促し、他国の文化もクロアチアに影響を及ぼして、私たちの文化の発展につながっています。

――若者は世界にどのような影響を与えると思いますか？

　若者が社会で演じる役割は非常に大きいものだと思います。若者は協力し合い、世界で私たちが直面する問題への関心を高めるべきだと思います。私たちは手を取り合い、世界をより素晴らしいものにしていかなければなりません。

――今回の活動に参加していかがでしたか？

　今回のフォーラムはまず自分自身を変え、それから世界を変えるよう背中を押してくれました。

――あなたは中国をどのような言葉で表現しますか？

　中国――それは世界の模範です。ここには若者のチャンスがたくさんあります。

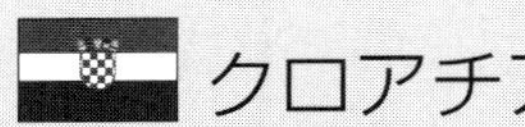

クロアチア Croatia

ヨーロッパ中南部、バルカン半島の北西部に位置している。面積は56594平方キロメートル。南はアドリア海に面し、多くの島を有している。人口は423.8万人（2014年）。主要民族はクロアチア人（90.42%）、その他にセルビア人、ボシュニャク人など全部で22の少数民族がいる。公用語はクロアチア語。主な宗教はカトリック教である。

【「一帯一路」の新しい成果】

2016年5月30日、中国—クロアチア企業家フォーラム及び浙江—クロアチア産業マッチング交渉会がクロアチアの首都ザグレブで行われた。そこでは150社のクロアチア企業と50社の中国企業の代表による、「16＋1協力」の枠組みと「一帯一路」構想のもたらしたチャンスと両国が協力する合意領域についての対話とすり合わせが行われた。

長沙のP8文化・創意産業パーク広場で、青年代表たちが手をつなぎ、二重の巨大な円を作った。まさにこのとき、彼らはつながり合い、互いの心も通じ合っていた。

Paula Āboliņa-Ābola

ラトビア

――自己紹介をしてください。

私はPaula、ラトビアから来ました。私は青年非政府組織で働いています。

――「一帯一路」とラトビアの関係についてどうお考えですか？

ラトビアは去年「一帯一路」の協定に署名し、バルト海の国で最初に署名した国となりました。「一帯一路」は、アジア、ヨーロッパ、アフリカの貿易と交通のつながりを強化することができます。ラトビアのような小国でも、さらに多様化し、つながりやすく、効率の良い社会の建設の過程に関わることができるのです。

――現在世界が直面する問題を解決する方法は何だと思いますか？

私たちの差異は、互いを引き離すものではないことに気付くべきです。差異は私たちを結び付け、どこが違うのか、どうして違うのかを知り、こうした違いを持ち続けることで自分を確立することができます。このことを理解すれば、互いの間に壁を作ることはなくなり、逆に互いに結び付くことができるのです。

――今回の活動に参加していかがでしたか？

今回のフォーラムは中国に対する先入観を変え、私の中に刻まれた印象を打ち砕き、私を豊かにしてくれました。私は多くの若者や、影響力のある人や、自国の文化事情に対するオピニオンリーダーに出会いました。祖国に帰ってからは、より良い人になりたいです。心が開放的な人に。

——あなたは中国をどのような言葉で表現しますか？
多様性です。文化が豊富で、経済も発達しています。

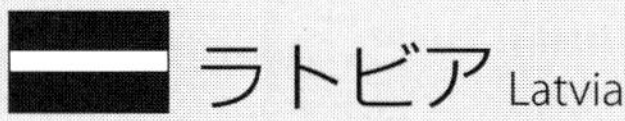

ラトビア Latvia

バルト海の東岸に位置し、北はエストニア、南はリトアニア、東はロシア、東南はベラルーシと接している。総人口は196.6万人（2016年）、ラトビア人が62%を占めている。主にキリスト教ルーテル教会とギリシャ正教を信仰している。公用語はラトビア語で、ロシア語も広く使われている。

【「一帯一路」の新しい成果】

「義烏—リガ」間初の定期貨物列車が84個のコンテナを積載して、10月20日に中国義烏西駅を出発し、満州里を経て国境を越え、途中ロシアを通り、11000キロメートルの行程を経て、2016年11月5日、ついにラトビアの首都リガに到着した。中国東部沿海部からバルト海及び東欧地域に至る貨物輸送ルートが切り開かれ、中国とラトビアを結ぶ鉄道輸送はここに全線開通したのである。

Phouthada Sitthinonhthong

ラオス

――自己紹介をしてください。

私はPhouthada Sitthinonhthong、ラオスから来ました。ラオスの個人学校で英語と伝統舞踊を教えています。

――「一帯一路」とラオスの関係についてどうお考えですか？

ラオス政府はずっと貧困対策に尽力し、国連の後発開発途上国リストからラオスの国名を外すように取り組んできました。中国の「一帯一路」構想はラオスに各方面でのチャンスをもたらすでしょう。例えば、ラオスとその他の国との貿易協力を強化することができます。

――現在世界が直面する問題を解決する方法は何だと思いますか？

より良い世界においては、若者にさらに多くの機会を与えるはずです。それが指導者であっても、また国家の運営に関わる機会のない人にとってもそうあるべきだと思います。

――今回の活動に参加していかがでしたか？

今回のフォーラムに参加することができとても感謝しています。このフォーラムは私にとって初めての国連が中国で開催したフォーラムでした。この経験は私にとって得るものが多く、見たことのない事物をたくさん目にすることができました。このような機会をいただきユネスコと中国に感謝します。

――あなたは中国をどのような言葉で表現しますか？

景色が絵のようです。中国には特有の美しさがあります。

ラオス Laos

インドシナ半島北部の内陸国家で、北は中国、南はカンボジア、東はベトナム、西北はミャンマー、西南はタイと接している。首都はヴィエンチャンで、人口は680万人（2015年）。49の民族がおり、華僑・華人が3万人余いる。ラオス語が話され、住民の多くは仏教を信仰している。

【「一帯一路」の新しい成果】

2016年9月、両国は「中華人民共和国とラオス人民民主共和国が一帯一路の建設を共に推進するための計画要綱の作成に関する了解覚書」に署名した。この覚書は中国とインドシナ半島経済回廊沿線国が署名した初の政府間「一帯一路」建設協力文書であり、中国とラオスの政治的関係はさらに良好になり、経済の絆が深まり、人文交流もさらに緊密になり、中国―インドシナ半島国家の二国間協力の模範となった。

現在、インドシナ半島経済回廊の中国ラオス鉄道はすでに全線開通しており、ラオスの「八五」計画の国家第１の重点プロジェクトに組み込まれている。

Marva Taleb
レバノン

——自己紹介をしてください。

私はMarva、レバノンから来ました。

——中国とレバノンの関係についてどうお考えですか？

中国とアラビアの国々との間には二千年にわたる連綿と続く友好関係があり、長続きする堅固な関係を築いていくのに十分足るものです。

——今回の活動に参加していかがでしたか？

今回のフォーラムは大成功だと思います。フォーラムで私は素晴らしい機会を得て、65か国の代表者に出会い、交流することもできました。

——あなたは中国をどのような言葉で表現しますか？

独特です。中国はとても独特です。中国では文化遺産と現代化が共に輝くという相乗効果が起こっています。

レバノン Lebanon

アジア西南部、地中海東海岸に位置している。東と北はシリア、南はパレスチナ、イスラエルに接し、西は地中海に面している。海岸線は220キロメートル。沿海部の夏は暑くて湿度が高く、冬は温暖である。レバノンの言語はアラビア語で、主要民族はアラブ人である。

【「一帯一路」の新しい成果】

中国とレバノンは、「一帯一路」の枠組みの中で人文協力の発展が目覚ましく、両国関係の新しい焦点となっている。中国はレバノンのためにすでに800人を超える人材を養成している。2016年9月までに193名の学生が中国を訪れ、中国が主催した各種の研修セミナーやシンポジウムに参加している。

「一帯一路」の枠組みのもとでの中国とレバノンの文化交流の一部として、2017年4月24日から、レバノン国家テレビ局が中国の連続ドラマ『生活啓示録』の放送を始め、毎日1話放送し、現地の視聴者の注目を集めている。

Elena Buzaite

リトアニア

——自己紹介をしてください。

私の中国語名は呉埃琳、リトアニアから来ました。中国で中国語を学んでいます。

——「一帯一路」とリトアニアの関係についてどうお考えですか？

リトアニアは「一帯一路」構想の実施をとても歓迎しています。「一帯一路」が私の国に機会をもたらすところを見てみたいと思います。

——現在世界が直面する問題を解決する方法は何だと思いますか？

現在の社会において、私たちは互いに同じ部分もあれば、異なる部分もあるのだと知ることが必要です。互いの相似点と相違点を受け入れて理解しなければなりません。実際には、世界にはただ一つの種族しかいないのです。それが人類です。

——今回の活動に参加していかがでしたか？

今回のフォーラムを開催していただき、中国政府に感謝しています。次回も参加したいと思います。

——あなたは中国をどのような言葉で表現しますか？

光り輝いています。中国は悠久で燦然と輝く歴史があり、その上その歴史をどのように世界に向けて示すべきなのかを知っています。

リトアニア Lithuania

☞国の紹介と一帯一路の成果はP80を参照

Ovidijus Krivas

リトアニア

――自己紹介をしてください。

私はOvidijus、リトアニアから来ました。北京理工大学で国際法を学んでいる大学院の１年生です。以前私はヨーロッパで学び、専攻はヨーロッパ研究でした。今年は私の海外生活３年目です。以前私はルーマニア、韓国で暮らし、今は中国にいます。それぞれの国で過ごした日々の中で私は多くの経験をし、未来においてきっと多くのことを実現することができるでしょう。

――「一帯一路」についてどうお考えですか？

「一帯一路」は多くの国にとってとても重要だと思います。まさに「一帯一路」によってそれぞれの国は開放的になります。自分自身を発展させながら文化交流するのです。もし「一帯一路」がなければ、アジアの国々はこれほど開放的ではなかったと思います。「一帯一路」はとても重要です。21世紀にも交流を促進させるべきだと私たちは歴史に刻まなければなりません。

――今回の活動に参加していかがでしたか？

今回の活動はとても素晴らしいです。65か国の人々を一つ屋根の下に集め、一緒に取り組み、経験と文化、知識を分かち合いました。皆は帰国後、ここでの経験と理念を自国の人々にきっと伝えると信じています。大会で講演した来賓も世界各地から来ており、レベルがとても高く、講演の内容も素晴らしかったです。参加者は皆素質が高く、考え方がしっかりしており、能力も十分で、一つのことをやろうとして世界を変えてしまう人々だと信じています。

リトアニア Lithuania

バルト海東岸に位置し、面積は6.53万平方キロメートル。人口は285万人（2017年1月）。

リトアニア人が84.2%、ポーランド人が6.6%、ロシア人が5.8%を占めている。この他にベラルーシ、ウクライナ、ユダヤなどの民族がある。公用語はリトアニア語で、多くの住民がロシア語を解す。主な宗教はローマ・カトリック教で、この他にギリシャ正教、ルーテル教会などがある。

【「一帯一路」の新しい成果】

「リトアニアは、中国が一帯一路の実施によって、アジアとヨーロッパの相互接続を強化することに期待している」2017年4月、リトアニアのサウリュス・スクヴェルネリス首相はインタビューに対してこう述べた。さらに「2016年にリトアニアから中国への輸出額は1.232億ユーロに達し、5年前の同時期から2倍近く増加しており、両国の経済協力はプラス方向に発展している。今年の主な目標は、二国間の経済関係をさらに強化し、特に高付加価値のハイテクノロジー分野を生み出すことにあり、これによりリトアニアの経済発展はさらに加速するであろう」と述べた。

中国の青年代表鹿方園が「長沙宣言」を読み上げた。

来賓と青年代表たちが成立したばかりの「長沙宣言」に盛大な拍手を送る。

Vlad-Alexandru Grosar

ルーマニア

——自己紹介をしてください。

私はVlad、ルーマニアから来ました。

私は青年事業従事者で、「酒類政策青年ネット」という国際青年組織と「You Can Do It」という国際青年組織のリーダーです。同時に、クリエーティブ業界の創業者でもあります。

——今回の活動に参加していかがでしたか？

ルーマニアが、ヨーロッパやアジアの国々との協力関係を改善するまたとない機会です。知識はとても大事です。若者の知識が多いほど、平和を実現する可能性が高くなると私は思います。ユネスコの青年に対する信頼、投資、支援に感謝します。また、とても優れたボランティアの方々にも感謝します。彼らは素晴らしいホストでした。

——あなたは中国をどのような言葉で表現しますか？

他人を尊重しています。中国は自身の最適な部分に投資をしており、それは未来への投資でもあります。私はまもなく5月に開催される、「一帯一路」国際協力サミットフォーラムに参加するルーマニアの指導者に、メッセージを送りたいと思っています。

ルーマニア Romania

東南ヨーロッパ、バルカン半島の東北部に位置している。北と東北はウクナイナ、モルドバと接し、南はブルガリア、西南と西北はセルビアとハンガリーに接し、東南は黒海に面している。人口は2222万人（2016年7月）。ルーマニア人が88.6%を占めている。公用語はルーマニア語である。

【「一帯一路」の新しい成果】

2015年、両国は「一帯一路」建設を推進するための了解覚書に署名した。中国の概算統計によると、中国のルーマニアでの累計投資額は8億ドル近くにのぼり、ルーマニアは中国の中東欧地域における投資が最も多い国の一つである。中国企業はルーマニアの大型インフラ建設に積極的に参与しており、エネルギー、交通の分野がホットスポットであり要点にもなっている。2015年、両国の二国間貿易額は45億ドル近くに達した。ルーマニアと中国の経済補完性は強く、チェルナヴォダ原子力発電所、ロビナリ石炭火力発電所、タルニツァ水力発電所などの国家プロジェクトを進める中でウィンウィンの関係を実現できるだろう。

Nazla Hawwa

モルディブ

——自己紹介をしてください。

私はHawwaといいます。モルディブ文化教育省の遺産局局長をしています。この部署は主にモルディブの有形・無形文化を保護する仕事を担当しています。また、空き時間を利用して博士課程で学び、大学で授業も行っています。

——「一帯一路」とモルディブの関係についてどうお考えですか？

モルディブは「一帯一路」構想から大きな利益を得ることができると思います。経済の発展を促すだけではなく、人と人との交流も盛んになります。戦略的に優位な場所にあるモルディブは、古くから今に至るまで東西をつなぐ要衝です。現在、中国はモルディブの国際空港拡張工事を援助しており、受け入れ可能な利用者数は年700万人にまで増え、モルディブの経済発展を促すでしょう。モルディブは小国ですが、「一帯一路」によりとても大きな利益を得ることができるのです。

——若者のもたらす影響についてどうお考えですか？

我々は若者に力を与え、チャンスがあれば指導者を務めさせるべきです。貧困対策に尽力し、気候の温暖化及び寒冷化による不均衡化に対抗し、それと同時に若者たちを通して、異なる文化の間に架け橋を築き、持続可能な発展の中でも些細な分野で指導力を発揮する機会を与えるべきです。

——今回の活動に参加していかがでしたか？

今回のフォーラムは、青年男女に対し、世界中の文化遺産の保護という重大な問題に向き合い、取り組むよう働きかけました。この場を借りてユネスコが私たちにこのような舞台を与え、異なる国、異なる大陸の若者が一堂に会し、意義深く重要な話題—文化遺産の保護について討論させてくれたことに感謝します。また、ボランティアの方々にも、忘れられない体験をさせてくれたことに感謝します。

——あなたは中国をどのような言葉で表現しますか？

中国は雄大で壮観で、多くの伝統文化と豊富な文化遺産があります。中国人はとてもフレンドリーです。彼らは力の限りを尽くしてもてなしてくれました。中国は有史以来最も優れた主催者です。

モルディブ Maldives

モルディブはインド洋にある群島国家で、人口は35万人、全てモルディブ人である。民族言語と公用語はディベヒ語で、上級社会では英語が使われている。イスラム教を国教とし、スンナ派に属している。

【「一帯一路」の新しい成果】

モルディブの中国駐在大使ファイサル・モハメドは、「一帯一路」はアジア、ヨーロッパ、アフリカのつながりを強め、地域経済協力と人文交流を強化し、それによって各国はウィンウィンの発展への道へと突き進むだろうと述べた。彼はまた、中国とモルディブは貿易と経済の分野で補完し合えるはずであり、中国の力を借りてモルディブをインド洋の貿易拠点へと発展させたいと述べた。2015年12月、中国・モルディブ友誼大橋の着工セレモニーが行われた。マレ国際空港の拡張工事プロジェクトも着実に進展しており、ラーム環礁連結道路は2016年11月に竣工した。

Sheueli Ng

マレーシア

――自己紹介をしてください。

私はNg Sheueli、マレーシアから来ました。今はマレーシア国立大学で学んでいます。

――「一帯一路」とマレーシアの関係についてどうお考えですか？

マレーシアと「一帯一路」の関係について話したいと思います。シルクロードの最初の海外拠点はマレーシアにあり、一つはマラッカ市です。歴史上、各国と中国はこの地で香料貿易を行っていました。中国はマレーシアに香料を運び、マレーシアは中国とその他の国々との交流の場となりました。様々な国がここに集まり、中国と商売をしていました。マレーシアは地理的に交易路の中間点に位置しており、そのため彼らはこの地を選んで、マラッカを貿易の拠点としたのです。

――今回の活動に参加していかがでしたか？

今回のフォーラムは自国の文化を分かち合ういい勉強になりました。65か国の友人達と文化の垣根を越えた交流をするとてもいい機会でした。中国は伝統文化の保存状態が良く、建築、生活様式、日常生活、言語などの分野によく現れています。私にとって、文化を学び、交流し、共有する絶好の機会でした。

――あなたは中国をどのような言葉で表現しますか？

中国は力のとても強い国です。

マレーシア Malaysia

東南アジアの国で、首都はクアラルンプール、人口は3000万人。そのうちマレー人は68.1%、華人が23.8%である。マレー語を国語とし、英語が通用し、中国語も比較的広く使われている。イスラム教を国教とし、その他に仏教、ヒンズー教、キリスト教も信仰されている。

【「一帯一路」の新しい成果】

中国マレーシア両国が協力建設する「マレーシアシティ」が2016年3月正式に始動した。マレーシア政府はこのプロジェクトを重視しており、マレーシアが高収入国家へと邁進するための重要な発展計画の一つであると目されている。中国とマレーシアが協力して進めるもう一つの主力プロジェクト―マラッカ臨海工業団地も着実に進行しており、中国とマレーシア両国は海洋経済と臨港産業分野を発展させ、ウィンウィンの協力を進めている。将来、中国は100億ドルを投資して、マレーシアと共に一流の臨海工業団地を作り上げる予定である。エネルギー協力方面では、2016年3月、中国広核集団が98億リンギットでもってマレーシア第二の電力エネルギー企業Edraのプロジェクトを買い付け、完全に業務を引き継ぎ、その新会社は20億ドルを投資して、マラッカに240万キロワットの大型ガス火力発電所を建設した。

Ana Aleksova

マケドニア

――自己紹介をしてください。

私はAna、マケドニアから来ました。私は建築遺産保護の初級補佐官をしています。

――中国とマケドニアの関係についてどうお考えですか？

中国とマケドニアは昔から緊密に協力し合い、関係も良好です。マケドニアは発展途上の国なので、中国はマケドニアの各方面、特にインフラ建設に多くの投資を行っています。歴史的にも、中国はマケドニアの発展を支援しており、両国の強固な協力関係は続いていくと信じています。中国の支援にとても感謝しています。

――今回の活動に参加していかがでしたか？

今回の活動にはとても感動させられました。全世界から若者がここに集まり、私は彼らの声に耳を傾け、意見を交換し、経験を語り合う機会を得ました。視野が大きく開かれる体験をし、このフォーラムで多くのことを学びました。帰国してこれらの考えを実践するのが待ちきれません。とても前向きで、素晴らしい経験になりました。

マケドニア Macedonia

ヨーロッパのバルカン半島中部に位置している。西はアルバニア、南はギリシャ、東はブルガリア、北はセルビアと接している。人口は209.6万人（2015年）。主要民族はマケドニア人（64.18%）、アルバニア人（25.17%）。公用語はマケドニア語で、住民の多くはギリシャ正教を信仰し、少数だがイスラム教を信仰する者もいる。

【「一帯一路」の新しい成果】

中国―中東欧国家の「16＋1」協力機構の働きによって、中国とマケドニアの経済貿易協力は大きな成果を上げている。中国企業が建設を請け負っているマケドニアの2本の高速道路は「中国―中東欧国家100億ドル特別融資枠」の中で最初に決まったプロジェクトの一つである。中国はマケドニアに6編成の動車組を輸出し、中国から欧州への列車の輸出第一号となった。マケドニア政府は、ギリシャとの国境から約7キロメートルの地に中国経済団地を建設する計画で、これにより西欧への物流がさらに便利になるだろう。

Nyamdava Baldanragchaa

モンゴル

——自己紹介をしてください。

私はNyamdavaa、モンゴルから来ました。社会人類学者で、今はプロジェクト研究員として働いています。

——「一帯一路」についてどうお考えですか？

「一帯一路」の構想はわが国にとって政策の好機だと思います。経済面だけでなく、文化交流面でも、有形・無形文化遺産を保護するという面においても良い機会です。

——関心のある国際問題は何ですか？

国連の2030年持続可能な開発目標は、私たちが直面する問題を解決するためにとても重要だと思います。例えば、私たちの文化を保護し、有形・無形文化遺産を保護するためには最も簡単なことから始めます。理解し合うことから始め、尊重し合うことから始めます。つまり全ての問題は簡単なことから、すなわち人間の善から始めるべきなのです。

——今回の活動に参加していかがでしたか？

今回のフォーラムに参加できて光栄です。私はさらに多くの中国文化を理解し、65か国から来た青年達と意見や文化を共有することができました。私にとってとても良い機会でした。ユネスコとボランティアの方々に感謝します。

もし、メディアで私の意見を発表することになったら、このフォーラムは素晴らしい試みであったと言うつもりです。全てのことが忘れられません。

——あなたは中国をどのような言葉で表現しますか？
忘れがたいです。

モンゴル Mongolia

☞国の紹介と一帯一路の成果はP92を参照

Dorjkhand Sharavjamts

モンゴル

——自己紹介をしてください。

私はDorjkhand、モンゴルから来ました。心理学者をしています。

——「一帯一路」の効果についてどうお考えですか？

経済的な利益以外に、さらに多くの政策やプロジェクトが、国家レベル、また国際レベルの有形・無形的文化の保護を促進することを期待しています。

——今回の活動に参加していかがでしたか？

全ての主催者の方々に心より感謝しています。今回の活動は整然として手配が行き届いており、フォーラム期間中、私たちは手厚いもてなしを受けました。とても光栄に思います。ありがとうございました。

モンゴル Mongolia

首都はウランバートル、人口は約312万人（2016年）。ハルハモンゴル族が全人口の80%を占めている。この他にカザフなどの少数民族がいる。モンゴルはアジア中部の内陸国で、東、南、西が中国と接し、北はロシアと接している。主要言語はモンゴル語ハルハ方言。

【「一帯一路」の新しい成果】

モンゴルは、中国・欧州国際定期貨物列車の重要な通過国である。2016年には167本の中国・欧州国際定期貨物列車がモンゴルを通り、2017年には400本にのぼる見込みで、数年後には1000本に達する見通しである。モンゴルは中国・欧州国際定期貨物列車の中央ルートの建設を重視しており、価格の優遇、越境時間の短縮、迅速な通関、積荷下ろしや路線の変更の迅速化など、さらに便利なサービスを提供する用意があることを示した。

モンゴルの「草原の道」と中国の「一帯一路」構想の合致度は高く、両者の結合を進め、双方が産業エネルギー、大型プロジェクト、金融などの分野で実務協力を強化することで、中国モンゴルの関係の発展に新エネルギーを注ぐことになるだろう。

長沙から泉州に向かう飛行機の中で、興奮気味に自撮りをする各国の青年たち。

青年代表たちが泉州の清浄寺で記念撮影をしている。

Nurul Hasnat Ove

バングラデシュ

——自己紹介をしてください。

私はOve、バングラデシュから来た学生です。

——「一帯一路」とバングラデシュの関係についてどうお考えですか？

バングラデシュとシルクロードの歴史はとても長く、バングラデシュはシルクロードにおいて常に友好的な国でした。シルクロードによって数千年にわたる経済発展がもたらされ、特にこの数十年の発展は目覚ましいものがあります。「一帯一路」はわが国をさらに強大にしてくれると期待しています。

——今回の活動に参加していかがでしたか？

今回の青年フォーラムはとても素晴らしい経験になりました。ここで得た経験を持ち帰り、バングラデシュの青年たちと共有したいと思います。このことは私の未来の展望と就職にも有利です。今回のフォーラムを開催してくれたユネスコと中国政府に感謝しています。今後もこの活動を続けてほしいと思います。

——あなたは中国をどのような言葉で表現しますか？

中国は豊富な文化遺産と創造力を兼ね備えた国です。私はここで多くのことを見聞きしました。一言で言うなら、中国は美しい国です。

バングラデシュ Bangladesh

南アジア亜大陸東北部のポッダ川とブラマプトラ川により形成された三角州に位置する国である。人口は約1.6億人、そのうちベンガル人が98%を占め、その他に20余の少数民族がいる。ベンガル語を国語とし、英語を公用語としている。イスラム教を国教とし、イスラム教徒は総人口の88%を占めている。

【「一帯一路」の新しい成果】

2016年10月、中国の電力会社とバングラデシュの電力会社は、11.5億ドルの契約書に署名し、中国企業がバングラデシュ全国電力網の改良プロジェクトを引き受けることになった。

2016年8月、中国中鉄股份有限公司とバングラデシュ鉄道局は、首都ダッカにてパドマ大橋鉄道連結プロジェクト建設契約に正式に署名し、契約額は31.4億ドルであった。このプロジェクトはバングラデシュ東西を結ぶ、旅客・貨物輸送の主要ルートの一つであり、線路はダッカ駅からパドマ大橋を経て最後はジョソールに至り、バングラデシュ西南部の鉄道網の骨幹となる。新設される鉄道本線は168.6キロメートルで、設計上の最高時速は120キロメートルである。

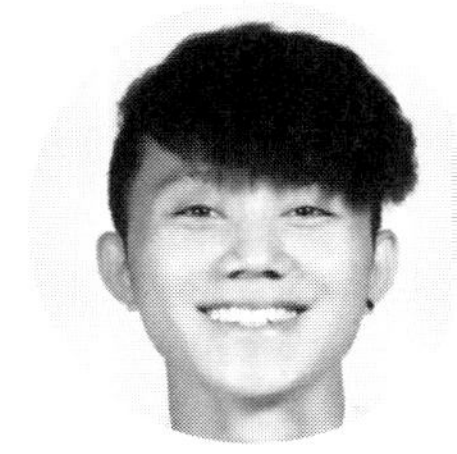

Saw Mar Gay Htoo

ミャンマー

——自己紹介をしてください。

私はSaw Mar、ミャンマーから来ました。社会学専攻の大学４年生で、ミャンマーの非営利組織でも働いています。

——「一帯一路」とミャンマーの関係についてどうお考えですか？

2016年、アウンサンスーチー女史が中国を訪れて習近平主席と会見し、中国とミャンマーの経済発展と衝突の回避について会談を行いました。同時に、中国の昆明とミャンマーのマンダレーをつなぎ、その道をインドまで伸ばすという「一帯一路」プロジェクトについて話し合いました。「一帯一路」は両国の経済発展とインフラ建設、文化遺産に対し多くのチャンスをもたらすでしょう。

——現在世界が直面する問題を解決する方法は何だと思いますか？

より良い世界とは、持続可能で、今よりさらに平和であるべきだと考えます。平和な世界にするためには、若者に対する世界市民教育を強化するべきです。特に、平和、人権、男女平等、文化方面の教育が必要です。

——今回の活動に参加していかがでしたか？

今回の活動は私が今まで参加した中で最も大きな活動の一つです。主催者側の準備も万端で、行程の手配も適切でした。65か国から来た若者たちと出会えてとても嬉しいです。私たちは文化遺産についての意見や知識、経験を分かち合うことができました。今回の活動で中国ミャンマー間の多くの偏見を打ち破ることができたと思います。

——あなたは中国をどのような言葉で表現しますか？
繁栄です。中国の経済発展はとても力強いです。

ミャンマー Myanmar

インドシナ半島西部に位置している。東北は中国と、西北はインド、バングラデシュ、東南はラオス、タイと接し、西南はベンガル湾とアンダマン湾に面している。ミャンマーの人口は2015年には5390万人で、135の民族がおり、ビルマ族が総人口の65%を占めている。各少数民族にはそれぞれの言葉があり、そのうちカチン族、カレン族、シャン族、モン族などには文字がある。全国で85%以上の人が仏教を信仰している。

【「一帯一路」の新しい成果】

中国ミャンマー国際鉄道は「一帯一路」の国際協力プロジェクトの一つである。鉄道の始発は中国雲南省昆明市で、終点はミャンマーの最大都市ヤンゴンである。計画によると、昆明からヤンゴンまでの鉄道は全長約1920キロメートルである。2017年4月、中国ミャンマー国際鉄道のルート上に新設された広大鉄道は敷設工事が半分まで進み、2018年に全線開通するための基盤が整えられている。広大鉄道は全長175キロメートルで、橋梁やトンネルの割合は63%に達する。この鉄道の東端は成都昆明鉄道に、西は大瑞（大理一瑞麗）鉄道と大臨（大理一臨滄）鉄道につながり、中国ミャンマー国際鉄道の重要な構成区間となっている。

Nicoleta Damian

モルドバ

——自己紹介をしてください。

私はNicoleta、モルドバから来ました。モルドバの医薬大学で学んでおり、専攻は公衆衛生です。また、「宇宙センター」のプロジェクト責任者も務めており、この組織の目的はIT業界の人の発展と経験の共有化を支援することです。

——「一帯一路」についてどうお考えですか？

とても必要です。このような構造化された協力は実際のニーズに合致すると思います。

——現在世界が直面する問題を解決する方法は何だと思いますか？

手を取り合い努力し、共に同じ目的を実現していく中で、より良い世界は作られると思います。今回のフォーラムの中で、異なる文化がここで遭遇しました。私たちは互いに交流を深め、互いを受け入れました。長い目で見れば、このようにして私たちはより良い世界を作ることができるのだと思います。

——今回の活動に参加していかがでしたか？

今回の活動を開催してくれた主催者の方々に感謝しています。また、泉州市と長沙市の政府の方々にも感謝します。私たちは素晴らしい時間を過ごし、多くの場所を訪問、見学しました。また、ずっと身の回りで私たちを助けてくれたボランティアの方々にも感謝します。

――あなたは中国をどのような言葉で表現しますか？

情熱的です。中国には美しく、善良で、才能のある人がたくさんいます。とても楽しかったです！

モルドバ Moldova

モルドバ共和国は、人口は355.76万人、東南ヨーロッパ北部に位置する内陸国で、ルーマニア、ウクライナと接している。公用語はモルドバ語で、ロシア語を通用語としている。主な宗教はギリシャ正教である。

【「一帯一路」の新しい成果】

2016年12月2日、中国商務省とモルドバ経済省は、モルドバの首都キシナウで、中国モルドバ政府間経済貿易協力委員会の第8回会議を行い、両国は、中国モルドバ自由貿易協定を始動し、事業化調査を共に行う了解覚書に署名した。中国モルドバ自由貿易協定の交渉はすでに始まっており、二国間貿易と投資の自由化は、モルドバの中国への輸出を拡大し、モルドバに投資する中国企業には機会が増加するだろう。モルドバの「一帯一路」建設への参加は、対中国の経済貿易協力をより深め、互恵・ウィンウィンの関係を実現し、強固な基盤を築くであろう。

Elina Nakarmi

ネパール

——自己紹介をしてください。

私はElina、ネパールから来ました。私は画家で、ボランティア活動もしています。

——「一帯一路」についてどうお考えですか？

「一帯一路」はネパールと中国双方にとってチャンスだと思います。「一帯一路」は私たちの偉大な歴史を深く掘り下げることができます。歴史上、私たちはずっと良き隣人で、伝統、文化、経済、芸術などの分野で交流があります。

——今回の活動に参加していかがでしたか？

私は今回のフォーラムにとても励まされました。参加者の皆には、心を開いて学び、経験を分かち合い、共により良い世界をつくる方法を探し求めて欲しいと思います。

——あなたは中国をどのような言葉で表現しますか？

生き生きとしています。中国の多くの伝統と文化を体験しましたが、この国の豊かで生き生きした伝統にとても驚かされました。

ネパール Nepal

内陸の山岳国で、ヒマラヤ山脈の南麓に位置しており、北は中国、その他の三方向はインドと接している。人口は約2850万人（2016年）で、ネパール語を国語とし、上級社会では英語が通用する。ネパールは多民族、多宗教、多カースト、多言語の国である。

【「一帯一路」の新しい成果】

2014年、中国西蔵航空有限公司と、ネパールイエティ世界投資会社が共同出資してヒマラヤ航空会社を設立した。2014年5月、中工国際工程股份有限公司とネパール民間航空省は、ネパールポカラ国際空港プロジェクトの商務契約に署名し、ネパールで2番目の国際空港の工事を請け負った。2015年3月、中国長江三峡集団公司はネパールのウエストセティ水力発電所プロジェクトについて、ネパール投資委員会の批准を獲得した。このプロジェクトへの投資額は16億ドルで、ネパールが獲得した海外投資の中で、単一プロジェクトとしては最高額である。2017年1月、中国電建集団海外投資有限公司は、ネパールで最初の投資プロジェクトである、Shangma Xiangdi A水力発電所の商業運行を実現した。

Boris Blašković

セルビア

——自己紹介をしてください。

私はBoris Blašković、セルビアから来ました。セルビア国立図書館で働いています。

——中国とセルビアの関係についてどうお考えですか？

この数年間でセルビアと中国との関係はますます緊密になっています。中国はセルビアで、とりわけインフラ方面で多くの投資を行っています。中国セルビア間の旅行もビザが不要になり、さらに便利になりました。

——今回の活動に参加していかがでしたか？

今回のフォーラムは異なる国の人々が一堂に会し、共に学ぶことができてとても良かったです。主催者の方々、ユネスコと中国政府、そして、家に帰ったかのように暖かくもてなしてくれたボランティアの方々に感謝しています。

——あなたは中国をどのような言葉で表現しますか？

この上ないほど素晴らしいです。中国は輝かしい伝統と歴史、それから一見の価値がある歴史的建築物や遺跡が数多くあります。

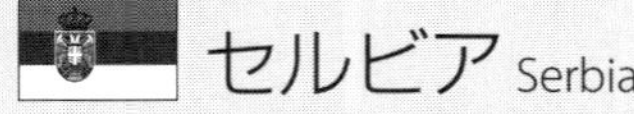

セルビア Serbia

☞国の紹介と一帯一路の成果はP104を参照

Milica Simic

セルビア

――自己紹介をしてください。

私はMilica、セルビアから来ました。経済学専攻の学生です。

――「一帯一路」についてどうお考えですか？

セルビアと中国の間には今シルクロードが形成されつつあり、セルビアは中国のためにヨーロッパ市場の扉を開きました。このことはセルビア、中国双方にとって利点があると思います。

――現在世界が直面する問題を解決する方法は何だと思いますか？

世界中の一人ひとりが、嘘偽りのない自分の考え方に従い行動すべきだと思います。自分の本心に従いさえずれば、間違うことはないはずです。私はそれでいいと思うのです。

――今回の活動に参加していかがでしたか？

私にとっては一生のうちで非常に得難い経験でした。多くの興味深い人に会い、彼らとはまた会ってみたいと思います。全ての人がこのような経験ができたらいいと思います。

――あなたは中国をどのような言葉で表現しますか？

客好きです。とてももてなすことが好きです。他のどこの国でも、このようなもてなしを受けたことはありません。これが私の感じたことです。

セルビア Serbia

バルカン半島の中央よりの北部に位置し、東北はルーマニア、東はブルガリア、東南はマケドニア、南はアルバニア、西南はモンテネグロ、西はボスニアヘルツェゴビナ、西北はクロアチア、北はハンガリーと接しており、東西文明の十字路と呼ばれてきた。人口は713万人、公用語はセルビア語である。

【「一帯一路」の新しい成果】

現在、中国セルビア両国の交通インフラ整備とエネルギー分野での協力は、すでに注目される成果を上げている。中国がヨーロッパで初めて建設した橋梁ードナウ川大橋はすでに竣工、使用されている。また、セルビアで中国が建設を担う高速道路プロジェクトも進行中である。さらに、中国が融資したセルビアとハンガリーをつなぐ「ハンガリー・セルビア鉄道」プロジェクトも進められており、これは「一帯一路」構想の実施においてとても重要な多国間プロジェクトである。この他に、コストラツB火力発電所の脱硫システムもすでに完成、使用されており、第三期プロジェクトもすでに着工した。中国河鋼集団有限公司は2016年にスメデレボ製鉄所を買収し、新しくできた河鋼セルビア鋼鉄公司はセルビア第二の輸出量を誇る企業となった。

各国の青年代表たちは、泉州の南少林武術師範の指導のもと、中国武術の魅力を体験した。

各国青年代表たちと、泉州南少林の武僧との記念撮影。

Salman Ahmed T Al-Sudairy

サウジアラビア

——自己紹介をしてください。

私はSalman、サウジアラビアから来ました。マーケティング学専攻の学生です。

——「一帯一路」とサウジアラビアの関係についてどうお考えですか？

サウジアラビアは古くから、海上シルクロードの一部でした。サウジアラビア国王は先月中国を訪問しており、「一帯一路」建設に喜んで参加しています。

——今回の活動に参加していかがでしたか？

今回の国際フォーラムはとても良かったと思います。私たちは完璧な討論の場と、中国の有形・無形文化遺産を参観する機会を得ることができました。長沙でも泉州でも同様です。私たちは多くの物を見聞きし、ますます自由に討論をし、昨晩のようにユネスコと長沙、泉州の地方政府に対し、多くの意見を述べることができました。その結果、私たちはさらに団結を強めることができました。

——あなたは中国をどのような言葉で表現しますか？

多様性です。中国は世界でも最も多様性をそなえた国の一つでしょう。中国にこのように異なる面があることに、普通は皆気付きません。思い浮かべるのは北京、広州、香港で、長沙や泉州のような地方は目に入らず、ここにこれほどユニークな美と、豊富な多様性があることには気付かないのです。

一 サウジアラビア Saudi Arabia

アラビア半島に位置している。東はペルシャ湾、西は紅海に面している。人口は3152万人（2015年）。イスラム教を国教とし、公用語はアラビア語である。ヨルダン、イラク、クウェート、アラブ首長国連邦、オマーン、イエメンなどの国と接している。

【「一帯一路」の新しい成果】

サウジアラビアは中国の「一帯一路」構想の中でも重要な拠点である。2016年、中国とサウジアラビアの貿易額は423.64億ドルに達した。2004年から13年連続で、サウジアラビアは中国の西アジア北アフリカ地域における最大の貿易パートナーであり続けた。また、中国は2013年から連続4年間、サウジアラビアにとって世界最大の貿易パートナーとなっている。

現在、サウジアラビア駐在の中国企業は150社あり、建設中のプロジェクトの総額は249億ドル、従業員数は4.11万人である。この中でも中国石油化工集団（シノペック）は、中国サウジアラビア経済貿易関係の中で重要な位置を占めている。2016年1月、中国サウジアラビア両首脳は、中国サウジアラビア・ヤンブー製油所の操業開始セレモニーに出席した。ヤンブー製油所は、シノペックが初めて請け負った海外での製油プロジェクトであり、中国のサウジアラビアにおける最大の投資項目である。この製油所の設計上の加工量は、一日あたり40万バーレル（一年あたり約2000万トン）で、世界でもトップクラスの製油施設である。

Rakhitha Asela Dissanayake Dissanayaka Mudiyanselage

スリランカ

——自己紹介をしてください。

私はAsela、スリランカから来ました。弁護士をしています。

——「一帯一路」とスリランカの関係についてどうお考えですか？

スリランカは長い間シルクロードの一部でした。シルクロードによって私たちは多くのものを得ました。シルクロード沿線国として、とても光栄に思っています。

——あなたは中国をどのような言葉で表現しますか？

中国は偉大な文明を持った国です。中国は偉大な国です。

スリランカ Sri Lanka

南アジア亜大陸の南の、インド洋にある島国で、北はポーク海峡を隔ててインドを臨む。風光明媚で、「インド洋の珠玉」との呼び名がある。人口は2048万人（2013年）で、シンハラ人が74・9%を占め、シンハラ語とタミル語がともに公用語・全国語となっており、住民の70.2%が仏教を信仰している。

【「一帯一路」の新しい成果】

2016年8月、中国企業は海上シルクロードにおける重要な位置にあるスリランカのハンバントタ港の再建工事を引き受け、南アジア国際ハブ港となる、8つの10万トン級の埠頭を建設した。現在すでに二期の工事が完成しており、部分的に利用開始されている。

2017年4月、中国航空工業集団公司が引き受けたスリランカのバンダラナイケ国際空港の滑走路プロジェクトは工事を終え、予定通りに使用開始されたが、これは南アジアにおける最高レベルの4F級滑走路である。

2017年4月、中国の慈善プロジェクト「健康快速」が、「一帯一路」構想に賛同し、沿線国の現地の人々に慈善医療を施すために国境を越えて進出した。スリランカはこのプロジェクトの海外での最初の試行地域である。

Radoslava Bolerazska

スロバキア

――自己紹介をしてください。

私はRadoslava、スロバキアから来ました。華東師範大学で中国の政治を専攻している学生です。

――「一帯一路」についてどうお考えですか？

「一帯一路」は、スロバキアと中国の協力関係を強化するいい機会だと思います。同時に、スロバキアの人々も中国の文化をさらに理解することができるでしょう。

「一帯一路」は素晴らしい構想です。「一帯一路」は両国の結び付きを強め、両国に利益をもたらすと信じています。相手の文化を互いに理解し、探求することができると信じています。

――現在世界が直面する問題を解決する方法は何だと思いますか？

皆がもっと相手を尊重するべきだと思います。他人の文化、宗教、考え方や見方を尊重するべきです。他の文化を尊重する習慣を養い、肯定的な視点で相手を見つめ、相手に反対してはいけません。もし私たちがもっと寛容になれるならば、この世界はさらに良くなるでしょう。

――今回の活動に参加していかがでしたか？

今回のフォーラムに参加できてとても感謝しています。全てのスロバキア人と、シルクロード沿線国の人々が、私のようにこうした機会を得られるといいなと思います。私は60か国の友人達と交流し、それぞれの異なる文化を理解しましたが、彼らの考え方はスロバキアとはかなり異なるものでした。私はここで、真の尊重とは何かということを学びました。主催者の方と、今回の活動に関わった方々に感謝します。

——あなたは中国をどのような言葉で表現しますか？

私は中国に来てもう１年になり、ここは私の家のようです。中国の食べ物も中国人も中国語も好きです。多くの言葉を一言にまとめて言うなら、私は中国を愛しています。中国は私にとって、喜びそのものです。

スロバキア Slovakia

ヨーロッパ中部の内陸国で、東はウクライナ、南はハンガリー、西はチェコ、オーストリア、北はポーランドと接している。人口は539.7万人（2014年）で、スロバキア人が85.8%を占めており、公用語はスロバキア語で、住民の多くはローマ・カトリック教を信仰している。

【「一帯一路」の新しい成果】

2015年11月26日、中国スロバキア両国は「一帯一路」建設を政府間で共同推進する了解覚書に署名した。2016年10月、シルクロード国際総商会のプロモーションイベントがスロバキアの首都ブラチスラヴァで開催され、閉幕セレモニーにおいて、中国スロバキア両国は「一帯一路」構想の枠組みの中で協力を強化する戦略的協力協議に署名した。2017年4月11日、スロバキアの議会で、スロバキア経済省が提出した「2017－2020年スロバキアと中国の経済関係発展要綱」が可決された。要綱において、スロバキアは投資、商業、貿易、交通、観光、科学研究、技術革新などの分野で中国と協力を進めるつもりであることを指摘し、両国政府間で経済連合委員会が経済貿易協力を進める役割を担うことを強調している。その中で特に「一帯一路」の実施について言及されている。

Matevž Straus

スロベニア

——自己紹介をしてください。

私はMatevž、スロベニアから来ました。イドリヤ市で政府顧問をしており、そこもユネスコの世界文化遺産に登録されている都市です。

——「一帯一路」についてどうお考えですか？

スロベニアは中国が発案したこの構想に参加するべきだと思います。特に現在、ヨーロッパでは争いが起こり、「壁」が作られようとしている中で、中国は逆に協力と友誼を唱えています。

——現在世界が直面する問題を解決する方法は何だと思いますか？

歴史上、有効だと証明されているものは二つあり、それは旅行と貿易です。人々が自由に旅行し、貿易を行うとき、それぞれの考え方や、商品、技術革新や、世界観を交換できます。これは私たちが現在やるべきことなのです。旅行と貿易を続けなければなりません。

——あなたは中国をどのような言葉で表現しますか？

中国の友人たちに感謝します。彼らは中国人の善良さや、友好的で謙虚なところを私に見せてくれました。非常に得意げでありながら、人の言葉を聞き入れる包容力があります。

スロベニア Slovenia

ヨーロッパ中南部、バルカン半島西北端に位置している。西はイタリア、北はオーストリア、ハンガリー、東と南はクロアチアと接し、西南はアドリア海に面している。総人口は206.4万人（2015年）。主要民族はスロベニア人で、83%を占めている。公用語はスロベニア語である。

【「一帯一路」の新しい成果】

2016年11月、中国企業とスロベニアバット航空機製造工場は、軽飛行機の導入と、共同出資による中国での工場建設プロジェクトの最終的な取り決めを行い、ラトビアのリガでの、第五回中国―中東欧諸国首脳会議期間中に正式に署名した。軽飛行機の導入と製造は中国国内の低空航空の需要を促進させる新しい分野となるだろう。中国とスロベニアは、自動車のハブモーターに関するハイテク分野、スロベニアのリュブリャナ市の照明システムプロジェクト、また、空港専用旅客輸送エコ仕様大型バスなど大型プロジェクトにおいて大きな発展を見せている。

Svetlana Babina

タジキスタン

——自己紹介をしてください。

私はSvetlana Babina、タジキスタンから来ました。東アジア事務局の研究員をしており、主に日本関係の仕事をしています。

——「一帯一路」とタジキスタンの関係についてどうお考えですか？

タジキスタンはずっと中国と緊密な関係を保っており、私たちは国境線を共有しています。そして共に上海協力機構のメンバーです。2013年に「一帯一路」が提起されてから、そこには多くのタジキスタンについての内容が含まれてきました。例えば、タジキスタンと中国を結ぶ道路が建設され、多くの農業戦略が作成されたことは、タジキスタンの農民を助け農業発展につながりました。

——今回の活動に参加していかがでしたか？

中国文化を体験する機会を与えてくれて、フォーラムの開催者の方々に感謝します。一つの都市だけでなく、二つの都市に赴き、しかもその二都市はかなりの違いがありました。中国文化がこれほど広く深いものだとは思いもしませんでした。今回のフォーラムの開催に関わった全ての方に感謝しています。

——あなたは中国をどのような言葉で表現しますか？

とてもユニークです。今までにこれほどユニークで誇らしく、豊かな文化を見たことはありません。

タジキスタン Tajikistan

中央アジア東南部に位置する内陸国で、西と北はウズベキスタン、キルギスタンと接し、東は中国、南はアフガニスタンと接している。人口は870万人、全部で86の民族がおり、そのうちタジク人が80%を占めている。住民の多くはイスラム教を信仰し、多くはスンナ派である。

【「一帯一路」の新しい成果】

中国はタジキスタンにとって第二の投資国であり、第二の貿易パートナーである。2016年、新シルクロード・タジキスタン農業紡績産業団地で、第一期の紡績プロジェクトが生産を開始し、中央アジア最大の紡績産業団地となった。中国―タジキスタン農業技術模範センターは現在建設計画が進められている。2015年5月、「バハダト・イヴォン」鉄道が着工し、この鉄道は中国の鉄道敷設会社の初の中央アジア鉄道市場への進出によるものである。

Pimpassorn Samartlertdee

タイ

——自己紹介をしてください。

私はPimpassorn Samartlertdee、タイから来ました。マヒドン大学国際学部の大学院生です。

——中国とタイの関係についてどうお考えですか？

中国とタイ両国の関係はとてもしっかりしていて、家族のようだと思います。両国は多くの分野で手を取り合い協力し、助け合ってきました。特に経済、社会、環境分野においてです。同時に、両国は互いに投資をしてきました。中国はタイの若者や学生に中国で学ぶ機会を与えてくれています。

——今回の活動に参加していかがでしたか？

今回の活動は若者が参加するのに適した活動でした。今回のフォーラムが、アジアやヨーロッパの国々も含む各国間の交流と結び付きを深めてくれると信じています。文化的な違いがどれほど大きくても、各国間に架け橋を作るいい機会です。今回の活動は皆を一堂に集め、私たちの協力関係を強めることができました。

——あなたは中国をどのような言葉で表現しますか？

中国を一言で表現するとしたら、「影響力」です。中国は多方面で手本を打ち立てているからです。

タイ Thailand

インドシナ半島中南部に位置している。カンボジア、ラオス、ミャンマー、マレーシアと接し、東はタイ湾（太平洋）に、西南はアンダマン海（インド洋）に面している。タイ全土に30の民族がおり、タイ族が主要な民族で総人口の40%を占めている。タイ語を国語とし、90%以上の住民が仏教を信仰している。

【「一帯一路」の新しい成果】

ソンクラーは、タイで最初に設けられた5つの辺境経済特区の一つである。「タイ南部、とくにソンクラーは、古くより海上シルクロードの重要な経由地であった」ソンクラーで経済を担当するアヌチ副知事は、タイ政府の辺境経済特区戦略と中国の掲げる「一帯一路」構想はよく合致しており、「我々がソンクラーで海運を発展させることは、中国が提唱する21世紀海上シルクロードと自動的にリンクするだろう」と述べた。

アヌチ副知事は、中国が掲げる「一帯一路」の構想は、タイの経済発展にとって好機となるだろうと述べている。こうした背景の中でタイが提出した辺境経済特区は、戦略的観点によるものである。二つの大きな経済戦略の導きにより、タイ中国の両国は互いに協力し、共に発展することができるのである。

Samar Mezghanni

チュニジア

——自己紹介をしてください。

私はSamar、チュニジアから来ました。博士課程で学んでおり、作家でもあります。

——現在世界が直面する問題を解決する方法は何だと思いますか？

現在の世界における最大の課題の解決方法として、皆さんよくご存じの方法を勧めたいと思います。それは、正義、公平そして持続可能であることです。でも私たちに欠けているものは、世界をより良くするための考え方ではなく、それを行動に移したいという願望なのです。

——今回の活動に参加していかがでしたか？

今回のフォーラムはとてもユニークで、目を引くものでした。現在、若者が関心を持っているのは、創業、就職、IT、テクノロジー、経済であって、若者と文化、遺産を結び付けて考えることはあまりありません。今回の活動は若者が中国の文化に触れる絶好の機会でした。私たちを中国に喜んで迎え入れてくれて、全ての中国人に感謝しています。

——あなたは中国をどのような言葉で表現しますか？

私はこのとても広い国土の国に、５日間しか滞在していません。中国を「クロスワードパズル」で例えたいと思います。それはとても複雑で、内容が豊かで、万象を網羅しており、なかなか想像がつかないものです。

チュニジア Tunisia

チュニジアはアフリカ大陸の北端に位置している。西はアルジェリア、東南はリビア、北と東は地中海に面しており、チュニジア海峡を隔ててイタリアを臨む。人口は1100万人（2014年）で、90%以上がアラブ人である。アラビア語を国語とし、フランス語が通用する。イスラム教を国教としている。

【「一帯一路」の新しい成果】

2015年7月、中国三一集団有限公司の17台の採鉱車が続々とチュニジアに到着し、同時に最後の実験が計測段階に入り、北アフリカで初めての億単位を超える発注書の納品が行われた。これも「一帯一路」構想のもとで中国企業がアフリカ市場を獲得した第一歩である。2016年8月、中国・アラブ諸国協力フォーラム第三回中国芸術祭がチュニジアで開幕し、中国の優秀な民間芸術と、無形文化遺産プロジェクトがこの肥沃な地に持ち込まれ、古代シルクロードの文化交流の伝統を受け継いだだけでなく、「一帯一路」国家間の相互理解を深めることになった。

Levent Tökün

トルコ

——自己紹介をしてください。

私はLevent、文化大学の学生で、考古学と芸術史を専攻しています。

———「一帯一路」についてどうお考えですか？

「一帯一路」は、昔そうであったように、トルコと中国が再び集い、共に協力するための好機を与えてくれていると思います。例えば、トルコには多くの高速鉄道建設プロジェクトがありますが、中国はこれらのプロジェクトに多くの援助をしています。これらのプロジェクトには、トルコと中国が協力できる機会がたくさんあると思います。

——今回の活動に参加していかがでしたか？

今回のフォーラムはとても素晴らしいです。最初はこれほど熱心な歓待を受けるとは思っていませんでした。以前は先入観も持っていたのですが、フォーラムによって先入観も偏見も消え去りました。このフォーラムは偏見をなくすための好機だと思います。

ボランティアと、職員の方に感謝しています。彼らの仕事ぶりは見事でした。このような熱心なもてなしは素晴らしいと思います。彼らの頑張りに感謝します。

——あなたは中国をどのような言葉で表現しますか？

中国は秩序立っていて、勤勉な国です。私は「一帯一路」国際協力サミットフォーラムが大きな成果を得られるよう心から祈っています。なぜなら過去においてそうであるように、「一帯一路」の建設がシルクロード沿線国にもたらす利益は非常に大きいからです。

トルコ Turkey

アジア、ヨーロッパの二大陸にまたがり、グルジア、アルメニア、アゼルバイジャン、イラン、イラク、シリア、ギリシャ、ブルガリアと接している。人口は7981万人で、トルコ語を国語とし、99%の住民がイスラム教を信仰している。

【「一帯一路」の新しい成果】

2015年11月、習近平国家主席は、トルコのアンタルヤでトルコのエルドアン大統領と会見し、両国首脳は「一帯一路」建設を共に進める了解覚書及びインフラ整備、輸出入の検査検疫などの分野における協力協定の署名を確認した。

2014年以来、中国トルコの両国企業が建設を進めてきたアンカラーイスタンブール高速鉄道二期工事が完成、開通した。また、中国工商銀行がトルコ紡績銀行を買収、招商局集団有限公司、中国遠洋運輸集団公司、中国投資連盟がクンポート港を買収し、華為（ファーウェイ）、中興通訊股份有限公司など60社を超える中国資本の企業がイスタンブールの地に定着した。

Viktoriya Frolova

トルクメニスタン

——自己紹介をしてください。

私はViktoriya Frolova、トルクメニスタンから来ました。アジアゲーム進展組織の執行委員会で働いています。

——「一帯一路」とトルクメニスタンの関係についてどうお考えですか？

トルクメニスタンは昔からシルクロードの一部で、今でもシルクロード沿線国と良好な関係を保っています。特に中国との貿易・ビジネス関係は発展しています。

——今回の活動に参加していかがでしたか？

中国に来て青年フォーラムに参加できたことは、私にとってとても素晴らしい経験です。今までに参加した活動の中で最高の活動の一つです。主催者側の準備も万端でした。中国はとても情熱的でもてなし好きです。今回の経験は私の心に深い印象を残しました。新しい考え方を国に持ち帰り、貢献したいと思っています。

——あなたは中国をどのような言葉で表現しますか？

中国はとても情熱的でもてなし好きな国です。とても素晴らしいです。

トルクメニスタン Turkmenistan

中央アジア西南部に位置する内陸国家である。北と東北はカザフスタン、ウズベキスタンと接し、西はカスピ海に面し、アゼルバイジャン、ロシアと相対し、南はイラン、東南はアフガニスタンと接している。総人口は700万人（2015年1月）で、100を超える民族がおり、トルクメン人が94.7%を占めている。住民の多くはイスラム教を信仰している。国語はトルクメン語で、ロシア語が通用語である。

【「一帯一路」の新しい成果】

中央アジア天然ガスパイプラインの建設は、「一帯一路」の中でも重要なプロジェクトであり、中国トルクメニスタンが共に建設を進めるシルクロード経済ベルトにおいても重要な内容である。現在、トルクメニスタンの天然ガスパイプラインと、中国の西気東輸パイプラインはつながっている。すでに使用されている3本の中国―中央アジア天然ガスパイプはすべてトルクメニスタンに源を発している。具体的には、トルクメニスタンを発し、ウズベキスタンとカザフスタンを経由し、新疆を通って西気東輸パイプラインとつながり、華北、華東、華南地区にまでダイレクトに輸送することが可能である。中国―中央アジア天然ガスパイプは中国の22の省に恩恵をもたらしているのである。

Nur Diyana Nasriah Binti Suhavli

ブルネイ

——自己紹介をしてください。

私はNur Diyana Nasriah Bintiです。ブルネイ大学で学んでおり、今年が最後の学年です。専攻は管理経営学で、Dinash Enterprise会社の共同創業者でもあります。

——「一帯一路」とブルネイの関係についてどうお考えですか？

「一帯一路」構想は、ブルネイと中国の経済協力をきっと強化すると思います。一人の創業者として思うのですが、これは多くの創業者にとって投資のチャンスの拡大につながります。なぜなら私たちも多くの投資を享受できるからです。この構想はきっと両国の経済を発展させるでしょう。

——今回の活動に参加していかがでしたか？

今回の青年フォーラムは、私にとってとても素晴らしい体験でした。私たちは多くの場所、例えば岳麓書院、橘子洲を訪れ、今までに見た中で最も素晴らしく、最高の科学技術による花火を見ることができました。一番心に残っている体験は陶器の壺作りです。最初は簡単だから一日で習得できると思っていましたが、実際はとても難しかったです。これが一番忘れられない体験です。

ブルネイ Brunei

カリマンタン島の西北部に位置し、北は南シナ海に面している。海岸線の長さは162キロメートルで、33の島々がある。ブルネイの主要民族はマレー人と中国人である。マレー語を国語とし、英語が広く使われ、中国人は中国語を広く用いている。イスラム教を国教とし、その他に仏教、キリスト教なども信仰されている。

【「一帯一路」の新しい成果】

中国ブルネイ両国は、2014年9月に「ブルネイ—広西経済回廊経済貿易協力の了解覚書」に署名し、亜地域で協力を進めるモデルとしての模索が進められている。双方は、農業、工業、物流、ハラール食品加工、医療保健、製薬、バイオ医療などの分野で全面的に協力することを取り決め、「ブルネイ—広西経済回廊」を推進し、「21世紀海上シルクロード」の重要な構成要素となっている。2015年9月、中国建築股份有限公司とブルネイ側は、3.3億ドルの建設契約に署名し、ブルネイのタンブロン大橋建設に参与することになった。中国水利水電建設集団公司とブルネイ百科会社は、ウルドゥン給水プロジェクトの工事を共同施工し、中国側が責任を持って重要で難易度の高い大型ダム建設工事を行うことになった。

Bohdan Pimonenko

ウクライナ

——自己紹介をしてください。

こんにちは、私はBohdan、ウクライナから来ました。キエフ国立大学東方学部で学んでいます。今は学生ですが、もうすぐ卒業します。

——今回の活動に参加していかがでしたか？

現在、ウクライナと中国の関係はますます良くなっており、このフォーラムによって私たちの関係はさらに良好なものになると思っています。

今、海外には多くの課題があるので、各国から来た若い学生たちはその経験を互いに話し合うことができました。

——あなたは中国をどのような言葉で表現しますか？

中国について、一言で言うならそれは「超イイネ！」です。

ウクライナ Ukraine

ヨーロッパ東部に位置しており、ヨーロッパではロシアに次ぐ面積を誇る国であり、工業と農業が比較的発達している。人口は4555万人で、110の民族がおり、ウクライナ人は72%を占めている。公用語はウクライナ語で、ロシア語も広く使われている。主にギリシャ正教と、カトリック教が信仰されている。

【「一帯一路」の新しい成果】

2017年1月、ウクライナのポロシェンコ大統領は、中国を訪れた際に、ウクライナ中国双方の、物流、港湾、農業、鋼鉄、機械製造などの分野での協力潜在能力は非常に大きく、ウクライナ側は中国企業のウクライナへの投資の増加を期待すると述べた。

2017年4月24日、6日間にわたる「一帯一路」中国とウクライナの文化交流週間がキエフで開催され、その会期中に中国ウクライナ商業フォーラムは、両国の中小企業の提携のための環境を整えた。4月25日、ウクライナのポロシェンコ大統領は、ウクライナは中国との全面的な協力関係を強化したいと考えており、中国ウクライナ両国の文化面、経済面でのさらなる協力のために努力を続けるであろうと述べた。

Aziza Muminova

ウズベキスタン

——自己紹介をしてください。

私はAziza、ウズベキスタンから来ました。今はタシュケントウエストミンスター国際大学で学ぶ学生で、「国際福利組織」の学生メンバーでもあります。

——「一帯一路」についてどうお考えですか？

私の国はアジア中部にあり、古くからシルクロード交易に関わっていました。シルクロードのおかげで商品から、経験、工芸の交流まで可能になります。こうした交流は、経済の発展の助けになるだけでなく、人々の結び付きも深めることができるので、続けていくべきだと思います。

——今回の活動に参加していかがでしたか？

今回の活動は私が初めて参加した国際フォーラムでした。政府代表の方や、ユネスコの職員の方、そして65か国から来た青年たちに私の考えを述べる機会を得て、とても感動しています。このような機会を与えてくれて、主催者の方々には心から感謝したいです。また、ボランティアの方々に感謝します。彼らは私に対してとてもフレンドリーで親切でした。

——あなたは中国をどのような言葉で表現しますか？

親切でもてなし好きです。中国で会った人は皆、とても親しみやすく、どんな問題に対しても熱心に対処してくれました。

私はメッセージを送ることで、各国と各民族がそれぞれの伝統と創造性を保持できるように手助けをしたいと思っています。

ウズベキスタン Uzbekistan

中央アジアの内陸部に位置する二重内陸国で、南はアフガニスタン、北と東北はカザフスタンと接し、東と東南はキルギスタン、タジキスタンと接し、西はトルクメニスタンと接している。人口は3212万人、首都はタシュケント。全部で134の民族がおり、ウズベク人が78.8%を占め、ウズベク語を公用語とし、ロシア語を通用語とする。多くの住民がイスラム教を信仰している（スンナ派）。

【「一帯一路」の新しい成果】

中国が提唱した「一帯一路」構想は、ウズベキスタンに新しいチャンスをもたらした。中国―中央アジア天然ガスパイプラインや、中国工業団地など大口の協力プロジェクトは順調に進んでおり、エネルギー、交通、化学工業、ハイテクノロジーなどの分野をカバーしている。北京、広州、ウルムチからタシュケントに就航した旅客・貨物輸送の航路、そして華為（ファーウェイ）、中国石油天然気集団公司、中烏合資鵬盛園区発展有限公司、中興通訊などの企業のウズベキスタンへの積極的な投資、これらは現地に就職の機会をもたらし、現地の経済発展を促した。中鉄隧道局集団有限公司が建設を請け負ったアングレン―ポップ鉄道のカムキックトンネルは、2016年2月末に無事全面開通した。このトンネルは、アングレン―ポップ鉄道全線における要衝であり、「中央アジア最長のトンネル」と呼ばれている。鉄道の完成後、ウズベキスタン国内輸送は、他国を迂回するという苦境を脱し、ウズベキスタンの人々の生活の改善と、経済の発展、他国とのつながり対して、大変意義のある事業となった。

Ee Ting Evelyn Wong

シンガポール

——自己紹介をしてください。

こんにちは、私はEvelyn、シンガポールから来ました。去年大学を卒業したばかりで、専攻は心理学でした。今はシンガポールで個人教師や、ボランティアをしています。ボランティア活動は私の視野を広げ、異なる境遇の人との仕事の進め方を学ぶことができるので、私はボランティアが好きです。

——「一帯一路」についてどうお考えですか？

「一帯一路」は習近平主席が提唱した構想です。私が知っていることは、「一帯一路」の目的は沿線国の貿易を促進し、これらの国々の発展を加速させるということです。これはとても素晴らしい構想だと思います。「一帯一路」は民衆にも、貿易を行う人々にも多くの自信を与えてくれます。私たち学生もそこから学ぶことは多いでしょう。「一帯一路」は私たちに異なる職業文化と貿易文化を教え、商人が私の国に来て商売をするときには投資を促し、より多くの商品をもたらし、私たちもそこから多くの物を得られるでしょう。

——今回の活動に参加していかがでしたか？

今回の活動に参加できてとても感謝しています。ユネスコが開催した今回の活動はとても意義のあるものだと思います。私は世界各地の人に出会い、多くの国の人と初めて会いました。例えば、エストニアから来た友人がそうです。今回は参加者がとても多く、全部で65か国の若者が集まりました。私もさまざまな文化や風習を学ぶことができました。

長沙での最も忘れられない経験は、湘江での遊覧船の旅です。船の上で見た花火はとても壮観で楽しかったです。これほど素晴らしい花火を見たのは初めてでした。私たちは共に歌い、共に湘江沿岸の美しい風景を眺めました。

シンガポール Singapore

総人口は553.5万人（2015年）で、華人が約75%を占めている。マレー語を国語とし、英語、中国語、マレー語、タミル語を公用語としている。マレー半島南端、マラッカ海峡の入り口に位置し、北はジョホール海峡を隔ててマレーシアと隣り合い、南はシンガポール海峡を隔ててインドネシアを臨む。シンガポール島とその付近の63の小島から成り、そのうちシンガポール島は全国面積の88.5%を占めている。

【「一帯一路」の新しい成果】

シンガポールは地理的に優位にあり、「21世紀海上シルクロード」の要地である。2013年から2015年にかけて、中国は3年連続でシンガポールの最大の貿易パートナーとなり、シンガポールは3年連続で中国への最大の投資国となっている。両国間には、蘇州工業園区、天津生態城、中新（中国・シンガポール）重慶イニシアチブ戦略的相互接続モデルプロジェクトといった三大政府間協力プロジェクト、および、広州知識城、吉林食品区、川新創新科技園などの地方協力プロジェクトがある。山東、四川、浙江、遼寧、天津、江蘇、広東の７つの省市とシンガポールはそれぞれ経済貿易協力機構を設けている。

Norina Szántó

ハンガリー

——自己紹介をしてください。

私はNorina、ハンガリーから来ました。国際関係の学者であり、博士課程の学生です。

——「一帯一路」とハンガリーの関係についてどうお考えですか？

ハンガリーは「一帯一路」の契約協定にヨーロッパで初めて署名した国です。ハンガリーは中国とのさらなる協力関係を望んでいます。例えば、ハンガリー—セルビア高速道路のようなプロジェクトや、その他にも多くの主要なインフラ建設があります。「一帯一路」は両国の関係を深め、未来も良好な協力関係を続けるための好機だと信じています。

——現在世界が直面する問題を解決する方法は何だと思いますか？

全ての人には他人の生活をより良くするための力があると信じています。それは、浪費しないという力です。私は教育の力を信じます。教育は力を与えてくれます。私たちは今日ここに集まったことで、あまり幸運ではない人々を助けることができるのです。

——今回の活動に参加していかがでしたか？

主催者の方と、今回のフォーラムに尽力した方々に感謝します。これほど多くの専門家や優秀な人々と出会えたことに感謝します。

——あなたは中国をどのような言葉で表現しますか？

友好的です。私は中国を愛しています。

ハンガリー Hungary

ハンガリーは中央ヨーロッパの内陸国で、人口は987.7万人（2014年1月）。主要民族はハンガリー（マジャル）人で90%を占めている。東はルーマニアとウクライナ、南はスロベニアとクロアチア、セルビア、西はオーストリア、北はスロバキアと接している。公用語はハンガリー語である。

【「一帯一路」の新しい成果】

2015年6月、ハンガリーと中国は「一帯一路」覚書に署名し、これは中国とヨーロッパの国にとって初めてのこの種の協力文書への署名であった。

「一帯一路」構想と、ハンガリーの「東方開放政策」は、地理的な意味の他にも符合する点が多く、その発展ビジョンはぴったり合致し、両国及び沿線国と地域を緊密につなぐであろう。

インフラの相互接続は、「一帯一路」建設における重要な分野である。2013年11月、中国、ハンガリー、セルビアの3国は、ハンガリー・セルビア鉄道の改良工事を協力して行うことを宣言した。ハンガリー・セルビア鉄道が竣工開通すれば、運行時間は現在の8時間から3時間以内に短縮される見込みである。

Ghassan Shughri

シリア

——自己紹介をしてください。

こんにちは、私はGhassanです。華東師範大学で教育学を学んでいます。私は中国人が好きです。中国文化が好きです。

——「一帯一路」とシリアの関係についてどうお考えですか？

シリアはシルクロード沿線の国です。シリアはシルクロードの歴史に貢献してきました。シリアはシルクロード沿線国、その中でも特に中国と良好な関係を維持し続けてきました。シルクロードはわが国の歴史においてもとても有名で、多くの議論がなされてきました。シリアは引き続き、中国と西方の沿線国家間の協力と交流のために貢献していくでしょう。

——今回の活動に参加していかがでしたか？

今回のフォーラムに参加した若者たちは、将来きっと自国だけにとどまって仕事をすることはなく、彼らの事業は全世界に広がるでしょう。そのため、今回のフォーラムの意義はとても大きいのです。各国を結び付け、青年たちに討論の場を提供し、65か国が将来実施する施策に、接点を設けたのですから。

——あなたは中国をどのような言葉で表現しますか？

礼儀正しいです。人と接するときに礼儀正しく、他人を尊重します。

平和です。平和を愛し、とても友好的です。

もてなし好きです。外国人をとても歓迎し、助けが必要な時には優しく助けてくれます。

シリア Syria

シリアはアジア大陸の西部、地中海の東岸に位置している。北はトルコ、東南はイラク、南はヨルダン、西南はレバノン、イスラエルと接し、西は海を隔ててキプロスを臨む。海岸線の長さは183キロメートル。言語はアラビア語である。アラブ人がシリアの人口の80%以上を占めており、その他にクルド人、アルメニア人、トルクメニスタン人等がいる。

【「一帯一路」の新しい成果】

2016年9月22日、中国の駐シリア大使は、ダマスカスのダーマー・ローズホテルで歓迎会を開催し、中華人民共和国建国67周年と、中国とシリア・アラブ共和国の国交樹立60周年を祝賀した。大使はこの会で、中国は「一帯一路」の枠組みの中で、未来のシリアの経済社会の再建に積極的に参与する意思があることを表明した。

シリア外務省の長官補佐官のAyman Susongは、中国がシリア問題にさらに大きな役割を果たすことを望み、シリアは「一帯一路」の枠組みの中で中国と各分野での実務協力を強化するつもりであると表明した。

Meri Mkhitaryan

アルメニア

——自己紹介をしてください。

私はアルメニアから来ました。名前はMeriです。北京言語大学の学部生で、国際関係と外交を学んでいます。

——「一帯一路」とアルメニアの関係についてどうお考えですか？

アルメニアと「一帯一路」との関係はとても密接です。アルメニアは悠久の歴史を誇る国なので、両国の間にも長い歴史的関係があります。アルメニアは小国ですが、文化遺産の保護は必要ですし、中国のような大国や、歴史の長い国を含む他の国々と良好な関係を築くことが求められています。アルメニアは世界の国と文化全てと良好な関係を築きたいと思っています。

——今回の活動に参加していかがでしたか？

ユネスコのおかげで、私の人生にとって豊かな経験をすることができました。ここで私は世界各地の様々な人に出会い、彼らの文化を理解し、彼らの人生を深く知ることができ、大きな経験になりました。ここに来られて嬉しいです。さらに中国で行った場所、見たものは私にとって素晴らしい経験になりました。とても素晴らしかったです。

——あなたは中国をどのような言葉で表現しますか？

中国は素晴らしい国で、とても美しく、悠久の歴史と輝かしい文化があります。

アルメニア Armenia

アルメニアはアジアとヨーロッパの境目のコーカサス南部にある内陸国である。西はトルコ、南はイラン、北はグルジア、東はアゼルバイジャンと接している。アルメニア人が96％を占めている。公用語はアルメニア語で、住民の多くはロシア語を話せる。主要な宗教はキリスト教である。

【「一帯一路」の新しい成果】

2015年3月、アルメニアのサルキシャン大統領は中国を公式訪問し、両国首脳は「アルメニア共和国と中華人民共和国のさらなる発展と友好的協力関係の強化に関する共同声明」に署名した。この文書の中で、アルメニアは中国の「一帯一路」構想に進んで参加することを表明している。現在、両国の「一帯一路」の枠組みにおける協力関係は、具体的な実践の段階に入っている。アルメニアと中国の関係部署は、複数のプロジェクトの実施を協力して進めており、特に資本市場の構築と、交通インフラ建設方面に力を注いでいる。アルメニアは現在、南北道路を建設中で、中国企業がその建設権利を落札した。この他にアルメニアは、アルメニアと中国の企業間で、ガラス、セメント、建築材料一式について協力を進められるか検討中である。

Ala Mohammed Mohammed Halkom

イエメン

――自己紹介をしてください。

私はHalkom、イエメンから来ました。

――中国とイエメンの関係についてどうお考えですか？

イエメンと中国との関係は良好ですし、これからも良くなると思います。

――あなたは中国をどのような言葉で表現しますか？

一言でいえば、平和です。中国は平和な国だと思います。私は中国で５年間暮らしていますが、一度も物を盗まれたことはなく、誰とも言い争ったことがありません。

イエメン Yemen

アラビア半島西南端に位置している。サウジアラビア、オマーンと接し、紅海、アデン湾、アラビア海に面しており、海岸線の長さは1906キロメートル、面積は55.5万平方キロメートルである。

人口は2360万人。大多数がアラブ人で、公用語はアラビア語である。イスラム教を国教とし、シーア派のザイド派と、スンナ派のシャーフィイー派がそれぞれ50%を占めている。

【「一帯一路」の新しい成果】

2016年2月15日、中国の田琦駐イエメン大使は、サウジアラビアの首都リヤドで、イエメンのハーディー大統領に国書を手渡した。田琦大使は、中国はイエメンの経済復興に積極的に関与し、「一帯一路」の建設を共に進めるであろうと表明した。

ハーディー大統領は、中国の長期にわたるイエメンへの支援と支持、及び、イエメンの問題に対して客観的で公正な立場を維持していることに感謝の意を示した。また、イエメン政府は、イエメンと中国の友好的事業発展に引き続き尽力し、中国のイエメン経済復興への積極的参与を歓迎し、共に「一帯一路」建設を進めることを表明した。

Adel Al Mufti

イラク

――自己紹介をしてください。

私はAdel、イラクから来ました。上海の華東師範大学で学んでいます。

――「一帯一路」についてどうお考えですか？

とても期待しています。「一帯一路」は遥か遠くにいる人との距離を近づけることができます。イラクと中国は長期的エネルギー保護の覚書に署名しました。「一帯一路」はわが国の経済発展を促進できると思っています。

――現在世界が直面する問題を解決する方法は何だと思いますか？

教育によって、私たちは異なっていることを知り、同時にその違いを受け入れることができます。皮膚の色が違っても、宗教が違っても、私たちの体に流れているのは同じ血なのです。

――今回の活動に参加していかがでしたか？

このような機会を与えてくれて、ユネスコに感謝しています。私は65か国の友人たちに出会うことができました。この機会がなければ、ひとつの場所でこれほど多くの友人に出会うことはなかったでしょう。私たちは多くのことを学びました。また、ボランティアの方々にも感謝します。彼らのまなざしから、自分の国と文化に対する強い愛を見て取ることができました。とても感動しています。今回の活動で私は多くのものを得ることができました。

——あなたは中国をどのような言葉で表現しますか？

とても興味深いです。中国はとても多元的です。中国人の理想は崇高で、同じ目的のために一緒に奮闘しています。これは私が帰国後に実践したいと思っていることです。

イラク Iraq

アジア西南部、アラビア半島東北部に位置している。北はトルコ、東はイラン、西はシリア、ヨルダン、南はサウジアラビア、クウェートと接し、東南はペルシャ湾に面している。人口は3600万人（2015年）。そのうちアラブ人が78%、クルド人が15%を占めている。公用語はアラビア語とクルド語。住民の95%以上がイスラム教を信仰している。

【「一帯一路」の新しい成果】

イラクのイブラーヒム・ジャアファリー外務大臣は、古代シルクロードは中国とアラブ世界の交易と文化交流を促した重要な街道であり、イラクは古代シルクロードの重要な経由地であった。そのため、現在中国が提起した「一帯一路」構想により、イラクを含めた各国は利益を得ることができるだろうと述べた。ジャアファリーはさらに、イラクはインフラ建設の分野で多くの需要があるが、中国はその力と豊かな経験でもって、イラクの戦後復興を援助していると述べた。また彼は、「中国は多元的な力があり、イラクには潜在能力と大きな需要がある。中国には経験と、優れた工業能力がある。両国には、エネルギー、石油、電力、天然ガスなどの分野の全てにおいて、良好な協力を進められる見込みがあり、経済、貿易における友好的な取引も、両国の政治的関係を安定させる基盤となるだろう」と述べている。

Hanieh Moghani

イラン

——自己紹介をしてください。

私はHanieh、イランから来ました。私は法律顧問をしており、イランで地域社会の発展を担う非政府組織で働いています。

——「一帯一路」とイランの関係についてどうお考えですか？

シルクロードの大部分はわが国イランにまたがっています。青年たち、現地の住民、また草の根コミュニティーの人々も、私たちの世界をさらに良くできると信じています。

——今回の活動に参加していかがでしたか？

今回のフォーラムのボランティアの方々はとても素晴らしいです。ユネスコと愛すべきボランティアの方々に感謝します。

——あなたは中国をどのような言葉で表現しますか？

中国は偉大です。大きく「偉大」と書きたいです。

イラン Iran

首都はテヘラン。アジア西南部に位置し、南はペルシャ湾とオマーン湾に面し、北はカスピ海を隔てて、ロシア、カザフスタンを臨む。かねてより「ヨーロッパアジア陸橋」や「東西空中回廊」と呼ばれている。全人口のうちペルシャ人が66%、アゼルバイジャン人が25%、クルド人が5%を占めている。公用語はペルシャ語。イスラム教を国教としている。

【「一帯一路」の新しい成果】

「一帯一路」構想が提唱されてから、イランは中国の「一帯一路」構想と積極的に戦略的結び付きを強め、政策、貿易、資金、インフラ建設、民心からなる「五通併進」の良好な状態が出現している。

中国の龐森駐イラン大使は、イランは陸上の「シルクロード経済ベルト」においても、「海上シルクロード」においても、他の物に替えがたい重要な作用を発揮している、と述べている。中国企業はイランにおいて比較的強い競争力を持っており、テヘランで建設中の地下鉄のうち、3本の建設を中国企業が担当している。

Nor Maasarwe

イスラエル

——自己紹介をしてください。

こんにちは、私はNor、イスラエルから来ました。今は上海で経営学を学んでいます。

——「一帯一路」についてどうお考えですか？

「一帯一路」はとても優れた「手がかり」だと思います。「一帯一路」によって、中国や他の国の文化や歴史を理解し、他人の文化を理解し、彼らがどんな人であるかを知ることができます。

——今回の活動に参加していかがでしたか？

私はこのフォーラムが好きです。なぜならこのフォーラムのおかげで私は他の国の人々と交流でき、彼らの文化や国の情勢を知ることができたのですから。このフォーラムは若者にとってとても重要だと思います。

——あなたは中国をどのような言葉で表現しますか？

興味深いです。とても多元的で、例えば、都市ごとに特有の文化、方言があり、ある意味では、都市が違えば人も異なっています。中国内部にこれほど大きな違いを見られてとても興味深かったです。もっと多くの中国人と知り合いたいと思います。

イスラエル Israel

イスラエルはアジア最西端に位置している。パレスチナに連なり、東はヨルダン、東北はシリアに接し、南はアカバ湾、西南部はエジプトと接し、西は地中海に面し、北はレバノンと接している。海岸線の長さは198キロメートル。ヘブライ語とアラビア語を公用語とし、英語が広く使われている。多くの住民がユダヤ教を信仰している。

【「一帯一路」の新しい成果】

イスラエルは「21世紀海上シルクロード」の重要な中継点で、中東地域とアジア、ヨーロッパをつなぐ重要な枢軸であり、アジアインフラ投資銀行（AIIB）の創設メンバーでもある。「一帯一路」構想は、イスラエルの経済と対外貿易の発展を促し、中国イスラエルの経済貿易協力は新しい段階に突入するだろう。現在イスラエルはインフラ建設に力を入れており、港湾都市ハイファでの新港建設や、テルアビブの地下鉄「レッド・ライン」の建設プロジェクトは、全て中港建設集団と中鉄隧道集団が参与している。この他に、イスラエルの企業と科学研究機構は、中国との協力強化を望んでおり、中国と先進技術を共有し、連合研究開発機構を設立する考えである。

Manav Vij

インド

——自己紹介をしてください。

私はManav Vij、インドのニューデリーから来ました。今はプシャホテル経営学院でホテル経営学を学び、学士の学位を修得中です。

——「一帯一路」とインドの関係についてどうお考えですか？

インドについていえば、インドとシルクロードの関係は特に輸出入の面でとても重要です。昔インドは大国でした。将来インドが「一帯一路」建設に参加できることを願っています。

——今回の活動に参加していかがでしたか？

今回の国際青年フォーラムは、多くの人にとって素晴らしい活動の場となりました。特に私はインドを代表してここに来たので、私にとって素晴らしいものとなりました。このフォーラムは他国の文化を一歩踏み込んで学び、探求する好機であり、同時に、世界に向けて自分の民族文化を紹介するいい機会でもありました。

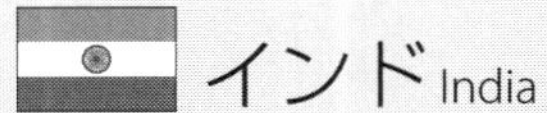

インド India

☞国の紹介と一帯一路の成果はP149を参照

Raghav Sethi

インド

――自己紹介をしてください。

私はRaghav、インドのニューデリーから来た顧客体験デザイナーです。

――「一帯一路」とインドの関係についてどうお考えですか？

インドは歴史上ずっとシルクロードの一部でした。未来において、インドも「一帯一路」建設に参加できることを願っています。

――若者は世界にどのような影響を生み出せると思いますか？

未来の力は若者の手に握られていると信じています。貧困、差別、気候変動などの問題は、若者に機会を与えることで、解決できると思います。

――今回の活動に参加していかがでしたか？

今回のフォーラムによって、私は異なる文化の人と互いに交流し、影響し合う機会を得ました。すでに次回のフォーラムが待ちきれません。

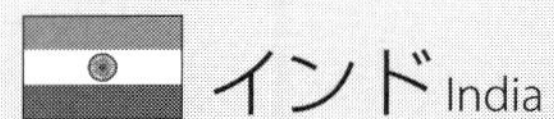

インド India

☞国の紹介と一帯一路の成果はP149を参照

Paridhi Rustogi

インド

——自己紹介をしてください。

私はParidhi Rustogi、インドから来ました。今はデリー科技大学で環境工学を専攻しています。

——中国とインドの関係についてどうお考えですか？

インドと中国の歴史はとても長いです。仏教は中国の主要な宗教の一つで、その起源はインドにあり、今では全世界に広まっています。インドと中国はシルクロードの重要な国であり、両国の協力は未来において多くの成果をもたらすでしょう。

——現在世界が直面する問題を解決する方法は何だと思いますか？

世界中の全ての人と、全ての有機体が直面する問題は環境です。水源、空気、食物に関心を持つことで、私たちは環境のために何かできるはずです。

——今回の活動に参加していかがでしたか？

今回のフォーラムは中国を理解するきっかけになりました。フォーラムが終わってからも、私は中国に対して型にはまった印象を少なからず抱いていることに気付きました。多くの人々に中国の素晴らしい面、中国の文化や遺産、中国の人々、その気立ての良さや優しさに関心を払ってほしいと思います。

インド India

インドは世界四大文明の発祥地の一つで、南アジア亜大陸最大の国である。面積は298万平方キロメートル（中国とインドの国境のインド占領地域と、カシミールのインド実効支配地域は除く）。人口は12.95億人（世界銀行2014年統計データによる）で、世界第2位である。

インドには100を超える民族がおり、世界の主要宗教は全てインドに信者がいる。そのうち、ヒンズー教徒とイスラム教徒はそれぞれ総人口の80.5%と13.4%を占めている。公用語はヒンディー語と英語。貨幣単位はルピーである。

【「一帯一路」の新しい成果】

2014年9月17日、習近平国家主席がインドのグジャラート州を訪問した際、インドのモディ総理は全行程に同行した。両国の指導者は親密に会見を行い、ガンジーの旧居や、河岸公園開発プロジェクトを共に見学し、現在のことから昔を偲び、未来に思いを馳せた。

「一帯一路」貿易において、中国から電気機械式AV機器とその部品を輸入している国の中でインドが占める割合は最も大きく、17.8%に達している。また、中国から紡績原料と紡績製品、金属と金属製品、化学工業製品、車両と輸送設備を輸入している国の上位5位に全てインドが入っている。

Rizky Ashar Murdiono

インドネシア

――自己紹介をしてください。

私はRizky Ashar、インドネシアから来ました。インドネシア第24大学の連絡係をしていて、融和性の強化に努めています。私は社会問題に対して強い意欲を持っていて、インドネシアで社会活動やボランティア活動に参加して9年になります。私は手話話者でもあり、身体障害者、特に耳の不自由な方と手話で交流することができます。いつの日か、私たちのこの星で、世界中の全ての人が融和できる日が来ると信じています。身体障害者も平等に情報と機会を得ることができるでしょう。

――「一帯一路」とインドネシアの関係についてどうお考えですか？

インドネシアがこの構想で得られる利益は最も多いと思います。インドネシアだけでなく、シルクロード沿線諸国にも就職の機会をもたらしています。21世紀海上シルクロードの建設は、各国の経済競争力を増強し、貨物の輸送コストを下げるでしょう。これはインドネシアの輸出にとってとても重要なことです。

――今回の活動に参加していかがでしたか？

青年フォーラムに参加できてとても光栄です。国家間の交流を増進し、対話を行い、意見を述べ、考えを共有することはとても重要です。それぞれ帰国したら、自国のために貢献し、影響を与え、より良い社会を作ってほしいと思います。このフォーラムは私にとって、意見を交換する絶好の機会でした。フォーラムで学んだほかに、旅行中も学んでいました。例えば岳麓書院や橘子洲を訪れ、文化遺産の保護と、自分の文化を宣伝することの必要性に気付きました。

インドネシア Indonesia

インドネシアはアジア東南部に位置しており、赤道上にある。総人口は2.555億人で、世界第4位の人口大国である。数百の民族がおり、そのうちジャワ人が45%を占めている。民族言語は全部で200種類以上あり、公用語はインドネシア語である。約87%の住民がイスラム教を信仰しており、世界でもイスラム教徒人口が最も多い国である。

【「一帯一路」の新しい成果】

2015年10月16日、中国とインドネシアは正式にジャカルタ—バンドン高速鉄道プロジェクトに署名した。ジャカルタ—バンドン高速鉄道は全長150キロメートル、インドネシアの首都ジャカルタと、第4の都市バンドンをつないでおり、設計上の最高時速は350キロメートル、3年で完成し、開通する見通しである。全て中国の装備を取り入れており、中国の高速鉄道の全システム、全要素が初めて国境を越え、世界に向けて走り出したのである。

Haneen Mohammad Sanad Al-Moslam

ヨルダン

——自己紹介をしてください。

私はHaneen Al-Moslam、ヨルダンから来ました。非政府組織で、自閉症の子供たちのための仕事をしています。

——「一帯一路」とヨルダンの関係についてどうお考えですか？

ヨルダンはアフリカとアジアの境目にあり、シルクロードの重要な中継点でもあります。多くの船がここを経由し、アフリカだけでなく、ヨーロッパやトルコの船もヨルダンを通ってアジア各地に向かいます。

シルクロードは多くの異なる場所を通ります。沿線国には貧しい国、豊かな国、戦乱中の国もあります。この道をうまく利用して、世界を平等にしてください。

——現在世界が直面する問題を解決する方法は何だと思いますか？

幸運な人は、自分が幸運であることを知っています。自分の持っているものを使ってあまり幸運でない人を援助してほしいと思います。

——今回の活動に参加していかがでしたか？

今回私は初めて中国に来て、このフォーラムに参加しました。多くの収穫があり、心の中にある多くの障壁を打ち破ることができました。

——あなたは中国をどのような言葉で表現しますか？

中国は裕福な国です。私は中国を愛しています。

ヨルダン Jordan

アジア西部、アラビア半島の西北に位置している。面積は8.9万平方キロメートル。人口の98%がアラブ人で、その他にチェルケス人、トルクメニスタン人、アルメニア人もわずかにいる。国教はイスラム教で、92%がスンナ派、2%がシーア派とドゥルーズ派に属している。キリスト教を信仰する住民は6%を占めており、主にギリシャ正教である。公用語はアラビア語で、英語が広く使われている。

【「一帯一路」の新しい成果】

2015年9月9日、習近平国家主席は人民大会堂でヨルダン国王アブドゥッラー2世と会見した。

習近平主席は、中国はヨルダンの「一帯一路」建設への参加を歓迎するとともに強く支持し、ヨルダンとの戦略的結合を強化し、エネルギー、インフラ建設などの分野での協力を一層強化することを強調した。中国側は、実力のある中国企業がヨルダンで投資、起業することを進め、ヨルダンからの輸入の拡大を支持し、ヨルダン側が中国企業のヨルダンでの投資のために引き続き協力し、便宜を図ることを求めている。

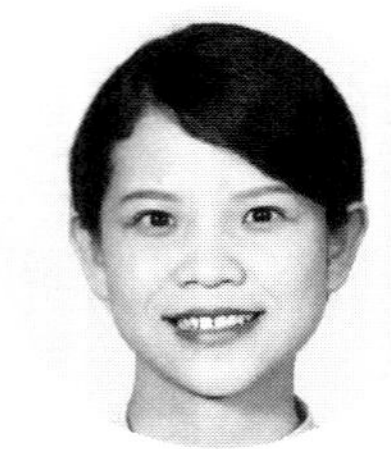

Nhu Quynh Nguyen

ベトナム

――自己紹介をしてください。

こんにちは、私はNhu Quynh、ベトナムから来ました。非政府組織で働いています。

――「一帯一路」についてどうお考えですか？

中国が建設中の21世紀海上シルクロードは、東南アジアとヨーロッパを経由しています。ベトナムは中国との安定した関係をとても大切にしています。

――今回の活動に参加していかがでしたか？

今回のフォーラムは、文化遺産の保護についての考え方を分かち合う機会を与えてくれました。中国人はとても気概があり、主催者の方々は私たちが参加するこの活動のために入念な準備をしてくれました。とても感謝しています。

――あなたは中国をどのような言葉で表現しますか？

中国はとても美しく、心意気が立派な国です。

★ ベトナム Vietnam

ベトナムはインドシナ半島東部に位置しており、北は中国、西はラオス、カンボジアに接し、東と南は南シナ海に面している。北部は春、夏、秋、冬の四季があり、南部は乾季と雨季の二季がはっきりしている。多くの地域は5～10月が雨季で、11月～翌年の4月が乾季である。ベトナムには54の民族がおり、キン族は総人口の86%、タイー族、タイ族、ムオン族、華人、ヌン族の人口は全て50万人を超えている。主要言語はベトナム語である。

【「一帯一路」の新しい成果】

中国の「一帯一路」協力構想と、ベトナムの「二つの回廊と一つの経済圏」発展計画は合致しており、両国の海と陸及び金融の領域での協力を推進している。2016年8月までに、中国企業がベトナムで契約したプロジェクトの累計契約額は381.4億ドル、売上額は314.5億ドルである。そのうち2016年1月～8月までの新規契約額は13.6億ドルで売上額は35.3億ドルである。ベトナム中国友誼宮はベトナムの首都ハノイ市新区の中心地に位置し、両国が協力して行う重要なプロジェクトである。敷地面積は約3.3ヘクタールで、完成後はベトナムと中国両国の友好的交流活動の場として開かれる予定である。

林 琛琛

——自己紹介をしてください。

こんにちは、私は林琛琛、湖南大学の４年生です。

——「一帯一路」についてどうお考えですか？

「一帯一路」の建設は中国にとって素晴らしい機会です。まず、周辺の国の発展を手助けすることができ、同時に中国の平和的発展への願望と実力を知らしめることができます。私は「一帯一路」はとてもいい機会だと思います。

——今回の活動に参加していかがでしたか？

私たち若者は、最もエネルギーがある世代であるだけでなく、未来における指導者でもあります。もし世界を良くしたいなら、若者は自分の力で貢献するべきです。今回私は初めてユネスコの活動に参加しましたが、今回のフォーラムは気配りが行き届いていると感じました。全ての職員の方とボランティアの方に感謝します。お疲れさまでした！

——あなたは中国をどのような言葉で表現しますか？

誇らしいです。

すべての「一帯一路」沿線国の人々が中国に来ることを歓迎します。

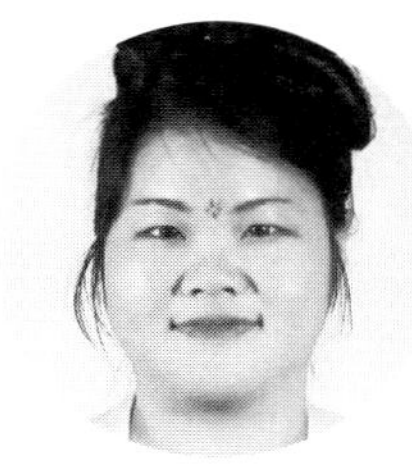

陸 思敏

――自己紹介をしてください。

私は福建の泉州から来ました。大学４年生です。華僑大学工商管理学部で国際ビジネスを専攻しています。一人の泉州人として、小さいころから泉州が海上シルクロードの出発点であることを知っていました。泉州はまたの名を刺桐（ザイトゥン）といいます。マルコ・ポーロがかつて私たちの街を訪れ、泉州の港にたどり着いたとき、満開の刺桐（デイゴ）の花が彼を出迎えたからです。歴史的にも、海上シルクロードの出発点泉州についての記載が多くみられます。例えばイギリスの作家アニーが書いた『春の街』（The City of Spring）では、泉州の下町での生活の様子を詳しく描写しており、私にとても強い印象を与え、異なる文化の観点から泉州を理解することができました。

――今回の活動に参加していかがでしたか？

60か国以上の友人たちと一緒に過ごすことができて、得るものがとても多かったです。以前私は模擬国連の代表役になったことがあります。イスラエル、アゼルバイジャン、リトアニアなどの国の代表として、国連児童基金（ユニセフ）とユネスコの模擬外交官として活動したので、とても親近感がわきました。彼らの国情を理解し、彼らと話し合いました。彼らはゆっくりと中国を感じ取る中で、中国と彼らの違いを受け入れ、偏見をなくしていきました。文化は平和を生み出すことができます。これが今回のフォーラムで私が得た最大の感慨です。

橘子洲で、一人のアゼルバイジャンの青年と、アゼルバイジャンと中国で経済の恩恵を共に享受する可能性について語り合いました。

閩南文化パフォーマンスを鑑賞するイランの娘Niloofar。

ブルネイの娘Nasriahが付けられたばかりの中国語名を披露している。

泉州の花かんむりを体験するウズベキスタン代表のAziza。

下　編

美しい時間

Beautiful Memories

「一帯一路」青年創意・遺産フォーラムに参加するため中国を訪れた65カ国の青年代表は、長沙と泉州の美しい二つの都市で、忘れられない一週間を過ごしました。滞在中、多くの興味深いエピソードがありました。彼らは一緒に中国の陶芸や書道等の無形文化遺産を体験しました。中には、かつて交戦または対立した国々の出身者もいましたが、中国では握手して歓談していました。彼らの経験や物語が、民心の通い合いを深め、文明の交流と相互参照を推し進め、人類運命共同体を構築することにつながっていくのです。

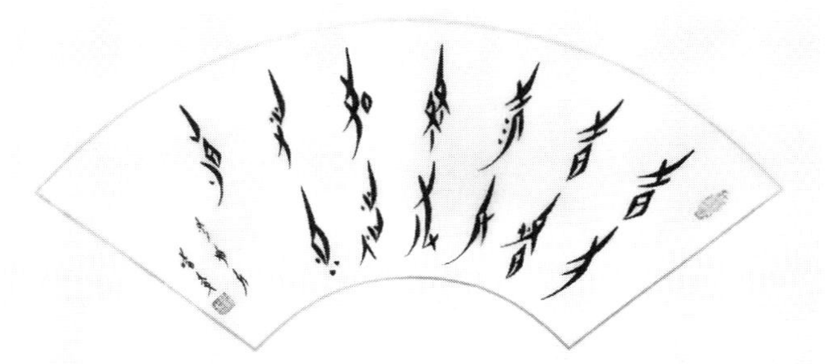

中国の国家級無形文化遺産の女書[①]。胡欣女史の作品。

モノローグ 長沙編

無限の創意

李 枚萱

1996年生まれ　中南大学　中国湖南省長沙代表

一人の長沙人として、長沙でフォーラムが開かれている間、私の役割は青年代表であること以上に、皆さんに「星城」の異名を持つ美しい長沙の魅力を伝えることでした。そこで、各国の青年代表に長沙のことをよく知ってもらうために、私は訪れた先々で、率先して周りの青年代表たちに詳しく紹介しました。歴史香る岳麓書院での開幕式や夜の湘江を彩るハイテク花火の観賞、さらに持続可能型イノベーション社区（コミュニティ）である「P8星球」の見学を通して、各国の青年たちは長沙の創意あふれるメディア芸術の発展に感心し、中には深く啓発されて、良いアイデアを自国に紹介したいという代表もいました。

今回フォーラムに参加した最大の収穫は、ふるさとへの誇りが強まっただけでなく、各国の青年代表との文化的交流ができたことです。国際記念物遺跡会議（ICOMOS）のDoudou Diene博士との会話の中で、私たちは美学、道徳、精神の三側面から自分の文化を理解するべきだという氏の言葉に大いに啓発されました。それからはこの三側面を念頭に置いて中華文化の神髄を深く考え、他の国の青年代表に紹介するようになりました。すると、相互交流を通じて、私もさまざまな国の文化の特徴を理解できるようになりました。例えば、イスラム教について今まではよく知りませんでしたが、今回のフォーラムでサウジアラビアのSalmanやアラブ首長国連邦のMansour、イラクのAdelなど、イスラム教の国々の青年代表と知り合い、彼らを通して私も徐々にムスリムについての知識、例えばハラル食しか口にしないことや婚姻制度、礼拝の方法など、イスラム教についてさらに理解を深めました。また、チュニジア出身のSamarは漢字にとても興味を持ち、中国語の名前を付けてほしいというので、私はSamarに「薩茉」という漢字を当てました。中国語の「薩」と「Sa」は発音が似ている上、異国情緒のある響きが外国人の彼女にふさわしいと思ったからです。そして「茉」は茉莉花（ジャスミン）の「茉」で、中国には有名な「茉莉花」という民謡があり、清楚でかわいらしい茉莉花は美しい彼女のイメージにぴったりだからです。説明を聞いた彼女は大変驚いて、ジャスミンはチュニジアの国花だと言いました。何という素敵な偶然でしょう。彼女はこの名前をとても気に入ってくれました。さらに私は、一画ずつ正確な書き順を教え、彼女のノートの表紙に書いてあげました。その後彼女は、私の名前はアラビア語でどのように発音するか教えてくれました。これで私にもアラビア語の名前ができたのです。このような交流を通じて互いの文化を探究し、理解し、尊重することが、今回の青年フォーラムの目的の一つと言えるでしょう。

---

①湖南省江永県などの女性たちにのみ使われている特殊な文字。

写真でたどる思い出

4月17日の朝、李枚萱は予定よりもかなり早く長沙の岳麓書院の入口に現れた。今日は特別な日だ。「一帯一路」青年創意・遺産フォーラムがこの場所で開催されるのだ。自分が生まれ育ったこの都市が、今日生まれ変わる。

「一帯一路」とは何だろう。李枚萱はずっと考えてきた。情報爆発の現代、習近平主席が提唱する構想に対してはさまざまな解釈が可能だが、李枚萱は自分で答えを出したかった。

「今回、その答えが見つかるかもしれない」。

李枚萱は心の中でつぶやいた。

湘劇は湖南の古典文化。初めて中国を訪れた外国人にはハードルが高いかもしれない。李枚萱が率先して解説員になり、アラブ首長国連邦のMansourに劇の粗筋を説明すると、熱心に耳を傾けていた。

イラクから来た背が高くハンサムなAdelは、フォーラムで李枚萱が最初に知り合った友人の一人。紳士的で礼儀正しいAdelに心を打たれ、李枚萱は一瞬、戦火に見舞われながらも尊厳を失わず、窮地に陥っても希望を探し求める遥か遠いイラクという国を自分の目で見てみたくなった。

李枚萱はAdelと一緒に目を閉じて、文化・創意パークの先進技術を駆使した音楽の演奏に聞き入った。

中国の磁器は世界的に有名だ。外国青年たちも磁器の国を訪れたからには自らの手で土を捏ねてみたいと思うのは自然なこと。とはいえ現実は想像通りにはいかない。バングラデシュ代表のOveは粘土を象の鼻のように練り上げてしまい、李枚萱は一緒に冗談を言いながら始めからやり直した。

漢字に興味津々のSamarはチュニジア出身。李枚萱は中国語の名前を付けてほしいと頼まれ、「薩茉」という漢字を当てた。その意味——「茉」は茉莉花（ジャスミン）のことだと説明すると、Samarは「ジャスミンはチュニジアの国花よ！」と驚いた。

4月19日の「長沙宣言」フォーラムで、李枚萱は中国を代表して発表した。この時彼女は、「一帯一路」とは何か、自分なりの回答を見つけたという。「『一帯一路』は美しい未来を目指す人々の心をつなぐもの」。これが彼女にとっての「一帯一路」であり、世界に伝えたかったことだ。

4月19日の「長沙宣言」フォーラムで、李枚萱は他の中国代表と共に発言した。

モノローグ 泉州編

数多の史跡が残る刺桐港

陸 思敏

1993年生まれ 華僑大学 中国福建省泉州代表

私のふるさと泉州は、今回青年フォーラムが開催された第二の都市です。私は泉州の土地柄や姿形をよく知っています。泉州は、出自や信仰にかかわらず、必ず自分の居場所が見つかるところです。かつてペルシアの王子が定住し、ムスリムの賢者が永眠し、また朱子[①]が講義を行った土地であり、弘一法師[②]の絶筆である「悲欣交集」の墨跡もあります。ここでは、2キロメートル以内に教会、モスク、廟宇[③]があり、さまざまな信仰が平和的に共存し、千年もの年月の中で泉州の文化と融合し、一体化しているのです。

私たちは泉州の漁村の女性が髪に飾る、生花で作った花かんむりをかぶり、泉州府文廟[④]の正殿「大成殿」の前で集合写真を撮りました。そして花かんむりの花々のようにぴったりと肩を寄せ合い、手をつなぎ、泉州に向かって笑顔で「ニーハオ！」と呼びかけました。その時、グルジア代表は「私たちは皆、泉州人」になった気がすると言いました。そして私たちは一緒に操り人形の体験をして、人形に騎馬舞を踊らせる方法を学びました。

文化体験に続いてモスクと開元寺を見学した後、私はシリア代表のGhassanと一緒に昼食を取りました。彼は泉州の好きなところや、シリアの和平プロセスへの期待を話してくれました。Ghassanによると、私たちの宗教はもともと似通っていて、たとえその教えが異なっていても、総じて人々を良い方向へ導くことを目指しているのです。世界各地では、異なる宗教間でさまざまな摩擦や衝突が起こっているけれど、泉州はまるで宗教の港のようだと彼は言いました。そして「ほら、ここは本当の港町だろう」と、嬉しそうに私を自分の「家族」と呼んでくれ、将来私が包容力のある泉州のさらなるまちづくりに貢献し、多くの都市が泉州を目指すよう呼び掛けるべきだと応援してくれました。泉州で行われたフォーラムの開幕式で、Doudou Diene博士は世界に泉州を知ってもらいたいと発言しました。私も若い力で、世界に泉州のことを理解してもらいたいと思っています。ゲストとして講演した専門家の方々に「ビジネスをどのように文化遺産の保護に生かせるか」と問うと、世界各地から集まった研究者から回答を得ることができました。そして、フォーラム後の観光や見学の際にも、至る所で「ビジネス＋文化遺産保護」の可能性を実感しました。

泉州の地で世界と対話した私は、その新たな魅力に気付くことができました。

---

①本名は朱熹（しゅき）（1130－1200年）。中国南宋の儒学者。

②本名は李叔同（1880－1942年）。中国の詩人、禅僧で、音楽や芸術の教育に従事。人生最後の14年間を泉州で過ごした。

③先祖や貴人の霊、神を祭る建物。

④741年（唐開元末年）に建立された孔子廟。

写真でたどる思い出

陸思敏は、湾に注ぐ河口に架けられた中国最古の海上石造橋——泉州洛陽橋に新しい外国の友人——ブルネイのNasriahとスリランカのRakhitha Asela Dissanayakeを連れて行き、泉州の大海原を眺めながら、中国の名曲「茉莉花」の歌詞を一節ずつ教えた。海風が彼らの髪をなびかせ、透き通った歌声が空を漂い、誰もが幸せそうに笑みを浮かべていた。その瞬間、陸思敏は思った。世界はなんと素晴らしいのだろう、と。

活発でかわいい陸思敏は、泉州ですぐに外国の青年代表たちの人気者になり、陸も多くの友達ができた。写真は新しい親友——インドから来たParidhiと。

泉州の歴史と文化の紹介を聞き終えたインド人のParidhiは、陸に向かって「いいね！」と親指を立てた。

泉州を知り尽くしている陸思敏は、信仰や出自にかかわらず、泉州では誰もが自分の居場所を手に入れられると信じている。ムスリムが建立した中国最古のモスク清浄寺で、彼女が泉州の歴史的な宗教文化や異質なものを受け入れる気風を各国の青年たちに話すと、皆大いに触発された。

Ghassanは陸が今回知り合った大好きな友人の一人。老君岩を訪れた時、Ghassanは入口の「老子天下第一」と刻まれた石碑を指さし、彼女に意味を尋ねた。「私は精一杯の力を出し切って説明したわ」と陸は笑って答えた。

陸思敏は皆に、花かんむりをかぶって文廟の前で集合写真を撮ろうと声を掛けた。「あの瞬間、私は誰もが素敵に見え、自分のふるさと泉州をこの上なく誇りに思った」と陸。

ブルネイのNasriahは明るく活発な女の子で、彼女と陸はまるで幼なじみのように意気投合した。彼女は陸から「茉莉花」の歌を習った際、陸が中国文化を深く理解していることに感じ入ったという。「陸さんと一緒にいるのは最高！ついに泉州で抱き付ける大根足を見つけたわ！」とNasriahは冗談めかして、自分もこの中国の女の子が大好きだと話してくれた。

陸思敏は閩南（びんなん）文化に対して特別な思い入れがある。閩南芸術のステージを鑑賞した時、今までに何度も見たことがあるにもかかわらず、閩南文化のとりこになってしまったという。彼女は、自分の血となり、自分の精神的土壌となっている閩南文化を深く敬愛しているのだ。

「ガイドにも販売員にもなれるよ！」泉州の特産品を薦める陸思敏に、ユネスコのゲストたちは感嘆の声を上げた。皆から称賛されて、喜ぶ陸。

アルバニアのElsaが泉州の操り人形を体験したいというので、陸が人形劇の師匠に頼むと、快諾してくれた。Elsaは注意深く糸で人形を吊り上げ、観たばかりの「江南スタイル」のダンスの再現に挑戦。傍らで興味津々に眺める陸。

インタビューと撮影の合間に、臨時「監督」となった陸思敏は外国の友人たちと「話劇」に挑戦。

チュニジアのSamarの携帯電話が残高不足になってしまったので、陸思敏は中国のSIMカードをWeChatで購入するのを手伝ってあげた。

フォーラムの閉会式で、泉州代表の陸思敏は84人の青年を代表して「泉州議定書」を読み上げた。「私たちは、無形文化遺産のさらなる継承のために、文化遺産の保護に適した生態博物館の建設を呼び掛けます。周囲の青年たちが自主的に異文化に触れ、文化の多様性によって素晴らしい体験を得られるように働き掛けます。青少年が自分の文化にプライドを持ち、それを理解し誇りに思うよう呼び掛けます……」。この時、陸思敏は感動がこみ上げてきた。自分が新しい時代の入口に立ち、その大きな扉が自分に向かってゆっくりと開きはじめ、きらきら輝く光が差し込んでくるのを感じた。扉の先に延びる道に向かう彼女は、自分が決して孤独ではないことを知った。彼女のそばには、さまざまな国から来た新しい友人たちがいるからだ。この道を歩むのは彼女一人だけではなく、彼らもいる。皆が共に進む共通の道、それこそが「一帯一路」なのだ。

長沙にて

「一帯一路」青年創意・遺産フォーラムの開幕式の一コマ。

開幕式に集まった参加者たち。

ユネスコのIrina Georgieva Bokova事務局長からフォーラムへビデオメッセージが届いた。

4月17日の開幕式で、劉延東副総理のメッセージを読み上げる中国ユネスコの杜越事務局長。

「皆さんは、学ぶためにここに来たのです」。ユネスコの欧敏行駐中国代表は開幕式で青年たちにこのフォーラムの目的を語った。

4月17日の開幕式で、中国共産党湖南省委員会常務委員兼長沙市委員会書記の易煉紅氏があいさつをした。

「たとえ文化的背景や国籍、宗教が違っても、私たちの体に流れる血の色は同じです」。パキスタンのH.E. Fariz Mehdawi駐中国大使は青年代表たちに、文化的差異を尊重しつつ共通点を探ることの重要性を伝えた。

開幕式で各国の青年に向かってスピーチを行うネパールのH.E. Mr. Leela Mani Paudyal 駐中国大使。

国際記念物遺跡会議(ICOMOS) の Doudou Diene博士は各国の青年たちに、文化遺産を保護するために若者がアイデアを出し合うことの重要性を説いた。

4月17日の開幕式で、専門家のDanise Bax氏がスピーチを行った。

自国の国旗を広げてみんなに見せるパキスタンの青年Abdullah Bin。

海外から集まった代表たち。

民族衣装を身にまとったポーランドの青年Swidrakは、各国の代表の発言に耳を傾けていた。

インドネシアの青年代表は民族楽器を手に持って会場に現れた。

国連ミレニアム開発目標（MDGs）の活動の青年リーダー。

中国と外国の青年代表は共に花火を見上げて歓喜の声を上げた。

ある青年代表の作品。

グルジアのNinoは、中国の伝統工芸・陶器づくりの体験に参加した。

若き日の毛沢東の彫像と写真を撮ったブルガリア代表のDenislav Stoychevは興奮気味。

モンゴル代表のNyamdavaaはボランティアと一緒に敬礼のポーズ。

イラクの青年Adelは青年ボランティアと中国の味付けについて歓談中。

上演中の湘劇。

素晴らしい演出に、外国人ゲストと青年代表たちは拍手喝采した。

カザフスタンのPolinaはブルガリアの青年Denislav Stoychevに箸の正しい使い方を教えている。

湖南の郷土料理——臭豆腐に挑戦するブルネイのNasriah。

青年代表は長沙の「P8星球」文化・創意産業パークの広場で手をつなぎ、二重の円を作った。互いの心もつながった瞬間。

一緒に粤方言の歌を練習するブルネイのNasriahとシンガポールのWong Ee Ting Evelyn。

ブルガリアの青年Denislav Stoychevは箸の使い方を特訓中。

文化・創意産業パークを見学した青年代表の集合写真。

「P8星球」の建物の屋上にある展望台で、長沙市の風景をバックに写真に収まるインドの青年Raghav。

欄干にもたれて眺望を楽しむスリランカの青年Rakhitha Asela Dissanayake。

「長沙宣言」の議論中、パレスチナのMahmoud N.Mは遺産を保護する方法について自分の見解を述べた。

「一帯一路」青年・創意フォーラムの長沙フォーラムの閉幕式会場。ここで65カ国の青年が議論し、「長沙宣言」をまとめた。

グループディスカッションの後、ステージで総括を発表するサウジアラビア代表のSalman Ahmed T。

今回最年長の「青年代表」——シリア出身で43歳のGhassanは、皆の前で自分の考えを発表した。平和と安定は一国の文化と歴史の保護にとって極めて重要だ、と。

マケドニア代表のAnaは「長沙宣言」に対する意見を発表した。文化的創意を実践するには、青年が力を発揮しなければならない、と。

シンガポール代表のWong Ee Ting Evelynは、「長沙宣言」の確実な実施には、各国の青年同士がコミュニケーションと協力を維持することが必要であり、それによってグローバルな文化的発展が実現すると述べた。

「長沙宣言」シンポジウムの会場。

意気軒昂と意見を述べるチェコ出身の青年Celý Petr。彼は現実の課題を解決するには、着実に第一歩を踏み出し、世界が直面する問題を直視しなければならないと考えている。

ヨルダン代表のHaneen Mohammad Sanadが総括の発表をした。

中国・長沙代表の鹿方圓と林琛琛は中国を代表して発表した。

最後に、モンゴル代表のDorjkhandが宣言の補足を述べた。

司会の孫敏氏。

閉会後、シンガポール代表のEe Ting Evelynとベトナム代表のNhu Quynhは皆の笑顔を写真に収めた。

フォーラムが無事に終了し、ほっとした表情の長沙代表の李枚萱と泉州代表の陸思敏。

泉州にて

自分のボランティアと会って喜ぶマレーシアのSheueli。

期待で胸をいっぱいにして泉州へ向かうモルディブ代表のHawwa。

泉州に到着したシリア代表のGhassanは、他のイスラム教国の代表たちと言葉を交わした。

ホテルで仲間と今後の日程について話すトルコ代表のLevent。

開幕式であいさつをする中国人民政治協商会議福建省委員会の李紅副主席。

4月20日、泉州での開幕式でユネスコ世界遺産センターアフリカ課のEdmund Mukarra主任による基調演説が行われた。

再び泉州に赴くDoudou Diene博士。「とても嬉しいよ、泉州の友人たちと会えるからね」と興奮を隠せない様子。1991年2月14日～18日、「平和の箱舟」に乗り、かつて「刺桐城」①と呼ばれた泉州に到着したユネスコの「海上シルクロード」視察チームは、「これは海上シルクロードの視察における最大の発見だ」と感嘆した。

見学先の泉州博物館で古代の石碑に見入るDoudou Diene博士。

泉州で常緑樹の植樹を行う各国の代表。

老君岩の外観。

ブルネイ代表のNasriahも泉州で常緑樹を植えた。

空から見下ろした老君岩。福建省泉州市豊澤区の清源山風景名勝区にある、太上老君（老子）を刻んだ中国最大の道教石像で、国家重要文化財に指定されている。道教では老子を開祖と崇め、『道徳経』を主要経典としている。老子の哲学思想は中国で重要な位置を占め、その影響力は絶大だ。

新しく知り合った仲間と開元寺の長廊からの眺めを楽しむカザフスタン代表のPolina。

泉州市の景勝地、開元寺の宝塔。

イスラエル代表のNorと開元寺の僧侶。

開元寺で敬虔な祈りを捧げるネパール代表のElina。

泉州にある清浄寺の石碑。清浄寺はかつて聖友寺と呼ばれ、アラビア語で艾蘇哈卜大寺という。アラブのムスリムによって建てられた現存する中国最古のモスクで、北宋の大中祥符二年（1009年）、イスラム暦400年に創建された。4月21日、各国の青年はここで泉州の宗教、信仰に対する「兼収并蓄」（異質なものを受け入れる）の気風を肌で感じた。

モンゴル出身のDorjkhand。清浄寺の大きなガジュマルの樹の下で。

各国の青年代表は、泉州の九日山の崖に刻まれた摩崖石刻で中国の伝統文化を体験した。中でも宋代の祈風石刻は、かつて季節風を頼りに泉州に寄港した外国船が、海上交易中の安全と順風を祈った歴史を物語る大変貴重なものだ。

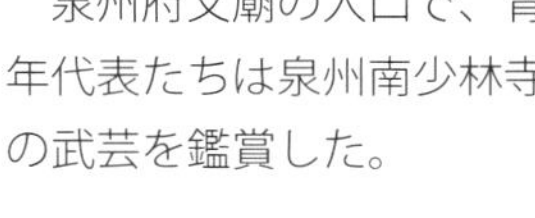

泉州府文廟の入口で、青年代表たちは泉州南少林寺の武芸を鑑賞した。

中国人の師匠から真剣な表情で拳法を学ぶウズベキスタン代表のAziza。

泉州府文廟の境内。青年代表たちはここで花かんむりをかぶる体験をした。

泉州の花かんむりをかぶったフィリピン代表のKatrina Coleen。

花かんむりをつけてもらうマレーシア出身のSheueli。

泉州の操り人形劇の演出。

操り人形が筆で書いた「中国夢」（中国の夢）の文字。

青年代表たちは泉州の無形文化遺産——操り人形劇を鑑賞した。「まるで生きた人形のようだ」と称賛される福建の操り人形劇「嘉礼」劇は又の名を「加礼」劇といい、古くは「懸糸傀儡（けんしくぐつ）」や線劇と呼ばれていた。泉州の操り人形は16本以上の糸で操るのが一般的で、多いものでは30本以上の細糸で操ることもある。糸が多いほど操りづらく、他の伝統的な中国の人形劇と比べても技術的難易度が最も高い。この操り人形劇は、2006年に中国で最初の「国家級無形文化遺産リスト」に登録された。

泉州府文廟の近くでは南音を聴くことができる。南音は「中国音楽史上の生きた化石」と呼ばれる、福建省泉州を発祥地とする閩南語の歌と演奏のこと。現存する伝統音楽としては国内で最も長い歴史を持つ。南音は唐以前から民族の間に伝承されてきた古い歌唱法で、その歌声と奏者による即興は創意工夫にあふれている。

真剣な表情で中国古典劇の臉譜②に着色するバングラデシュ代表のNurul Hasnat。小雨が降り出しイベントは予定より早く終了したが、会場の片付けが始まってもなお、彼は最後まで熱心に描き続けていた。

中国の書道に取り組むフィリピン代表のKatrina Colee。

毛筆で書いた「馬尔代夫」（モルディブ）を披露するモルディブ代表。

毛筆で書いた中国語の名前「坤」を見せるベトナム代表のNhu Quynh。

4月20日の夜、泉州源和1916クリエーティブパークで開催された閩南芸術のステージ。

閩南芸術のステージを観賞するウクライナ代表のBohdan。彼は流暢な中国語で、隣のモルドバのNicoletaと始終冗談を言い合っていた。

閩南芸術のステージを楽しむベラルーシのNadzeya。

閩南芸術のステージを鑑賞する各国の青年代表。

青年代表の集合写真。泉州府文廟の前で撮影。

①五代十国時代、泉州の街を築いた留従効（906-962年）が泉州城の周囲に刺桐（ザイトゥン）の花を植えたことから。ザイトゥンはアラビア語でオリーブを意味する。

②中国古典劇の化粧法で、歌舞伎の隈取（くまど）りに似ている。

見て、聞いて、思うこと

中国青年代表 湖南大学 **鹿 方圓**

遺産と創意、それは過去から未来へと続く「一帯一路」の偉大なる構想に通じています。長沙と泉州は一帯一路の重要拠点と起点として、ユネスコ青年フォーラムの魅力的な舞台となりました。

1946年に創設されたユネスコは、「第二次世界大戦」後の国際秩序の再建を人類共通の願いとして目標に掲げました。設立から72年となる今、人類は過去のどの時代よりも平和的な発展を渇望し、協力と共栄を切に求めています。

人間社会の持続可能な発展を実現するための鍵となるのは青年たちです。習近平主席が述べたように、若者の価値観によって未来の社会全体の価値観が決まるのです。今回の「一帯一路」青年創意・遺産フォーラムは、「一帯一路」沿線の60を超える国々の青年代表にとって貴重な交流の機会となりました。長沙と泉州に集まった各国の青年は、クリエーティブ産業と文化遺産の魅力を間近で体験し、イノベーションによる創業と遺産の保護に対する自らの意見を発表しました。

文化遺産は文明の足跡であり、悠久の歴史を伝えています。いにしえの学びの場としての面影をとどめる岳麓書院、泉州の伝統音楽で穏やかな音色を持った南音、威厳に満ちた古刹の開元寺、昇る竜のような勢いの少林拳法、これらはいずれも文化的多様性を形成しつつ、民族共通の記憶として受け継がれています。どんなに遠く離れても、原点を忘れてはならないという言葉があるように、来た道を振り返り、遺産を保護すること、これこそ初志貫徹ということです。

革新的な産業の創出は発展の原動力であり、明るい未来を切り開きます。今日の世界は矛盾と不確実さに満ちています。物質的な富をどれほど蓄積しても、収入格差は広がり、地域間の衝突が各地で頻発しています。従来型の開発から持続可能な開発への方向転換が実証しているように、今こそイノベーションによる創業を推し進めるべきなのです。喜ばしいことに、「P8星球」、「58衆創」[①]のようなクリエーティブ社区（コミュニティ）では、バイタリティに富んだ青年たちが次々にアイデアを生み出し、その限界を突破し続けています。モバイルインターネット、ビッグデータ、クラウドコンピューティング、人工知能（AI）はいずれも想像を超える発展の可能性を秘めているのです。

フォーラム開催中、私は幸運にも国籍や背景の異なる友人をたくさん作ることができ、彼らとの交流を通じて、大いに触発されました。彼らの中には、すでに起業した人や、政府や組織の顧問を務めるなど、生活条件に恵まれた人もいれば、シリアやレバノン、アゼルバイジャンなど暴動や紛争が絶えない国や地域において、生活の場を失った人もいました。ただ彼らには一つの共通点がありました。それはいつも積極的かつ楽観的で、常に自分の人生を愛しているということです。今回のフォーラムのおかげで、私たちはこの世界の広さとチャレンジすることの厳しさを教わり、未来に向かって必死に前進しようと強く決意しました。これこそ、私たちがフォーラムで得た最も貴重な財産です。

フォーラムの「長沙宣言」と「泉州議定書」の内容を議論する中で、各国の青年は各自の見解を存分に述べました。ユネスコは貴重な意見を尊重し、その全てを宣言に盛り込みました。「長沙宣言」には「誰も置き去りにしない」という一文があります。これは国連が掲げる「持続可能な開発のための2030アジェンダ」の基本理念でもあります。成長は排他的ではなく、包摂的なものです。今回のフォーラムは新たなスタートなのです。

未来を築く世界中の青年の皆さん、さらに協力し、交流と学び合いを深め、21世紀のシルクロードを絶えず活気にあふれるものにしていきましょう！

---

①58集団傘下の58衆創創業投資有限公司が運営する「衆創空間」（ソーシャル・イノベーション・プラットフォーム）。中国政府が打ち出した「大衆創業、万衆創新」（大衆による創業、万人によるイノベーション）を呼び掛ける政策の下、各地に整備された起業支援施設。協働スペースの提供などを行う。

「一帯一路」青年創意・遺産フォーラムに参加して

中国青年代表　北京大学　**張　璽**

長沙：創意の街――活気と希望

長沙については以前から聞いていました。長沙人といえば「苦労をいとわず、根気よくやり通し、死を恐れないほど大胆で、非常に我慢強い」気質で、長沙は娯楽と活気に満ちた若者の都市というイメージを抱いていました。世界各地から才能豊かな青年たちを迎えるのに、長沙ほどふさわしい都市はないでしょう。見渡す限り晴れた空とすがすがしい橘子洲は、ここが歴史的要衝だったことを思い起こさせます。意気揚々とした若者たちの様子は、「書生意気 揮斥方遒」(学生の意欲がまさに力強くほとばしっている)①のようです。

そして今日、この国際情勢が目まぐるしく変化する時代に、「一帯一路」――中国が提唱し、リードする重要な歴史的事業に関わることができたのは身に余る幸運であり、感慨無量です。一国の歴史の分岐点に立っていることを実感しています。百年前の先人たちのように、歴史上の重大な責任を負うことが果たして私たちにできるのでしょうか。

湘江で先端技術を駆使した花火を観賞したり、火宮殿で郷土料理に舌鼓を打ったり、「P8星球」の意匠を凝らした建築物を見学したり……どれもが素晴らしく、見る時間が足りないほどでした。皆は楽しく笑い合い、和やかに語らいながらも、どこか内なる力が足りないことを感じていました。私たちがここに来た目的は観光なのか、体験なのか、あるいは真の交流なのか。友情を結ぶというのは決して楽しいことだけではなく、心の底から互いを必要とし、互いの良さを認め合うことです。そう考え、交流の時にも敬服に値するところはないか、心に刻むべきことはないか、意識するようになりました。

今回の一団には素晴らしい人材が多く、会社の経営者もいれば、すでに同族会社の管理を任されている人、政府部門で活躍している人もいました。私はふと、このようなハイレベルの活動で、彼らのような若き精鋭たちは何に関心を寄せているのだろうと考えました。

シンポジウム終了後の交流会で分かったのですが、彼らの中には自ら立ち上げたウェブサイトやアプリを通して、より専門的かつ詳細に文化の根底にあるものを共有していたり、交流プログラムについて話し合っていたり、さらには国家間の協力について政府への報告書の草案を練っている人もいました。これには私も驚き、恥じ入りました。これこそがシンポジウムについて広く伝え、心に刻むべきことであり、決して盛大な拍手でも、笑い声と表面的な盛り上がりでもないのです。

その意味では、真の友を作ることができた自分は幸せであり、今こそ未来へ向かって紡いでゆく多くのストーリーの始まりなのかもしれません。その全てのスタート地点となるのが、この夢と活気に満ちあふれた長沙なのです。

青年たちは時代の責任を担うべきであり、それには頭脳も行動も必要なのです。

泉州：海上シルクロードの街――歴史と蓄積

神を信じる人もいれば、仏を信じる人もいます。中国人は何を信じているか、強いて言えば、それは血のつながりだと思います。中国の伝統的な祠堂（先祖の霊を祭る所）には、菩薩像や神像がなくてもよしとされていますが、先祖の位牌はなくてはならないものです。血のつながりを重んじると同時に、先祖の歴史は中華民族の心の中に深く根付いており、これは『離騒』②の「帝高陽之苗裔兮、朕皇考曰伯庸」（私はかの名高い高陽帝の子孫、今は亡きわが父の名は伯庸という）によく表れています。

私たちが泉州を重視するのは、ここが起点であり、源泉だからです。この地から無数に伸びる細い流れが、世界の隅々までつながっているのです。かつて泉州には、行き交う数多の商船が富をもたらし、その名声を世界中に広めました。今日、往時のような繁栄こそ失いましたが、青々とした雄姿を見せる古樹のように、今なお尽きることのない生命力を放っています。私たちがするべきことは、この風雨に打たれた古樹に再び輝きを取り戻させ、隆盛を極めた時代を世界に思い起こさせること、そして先祖と一体感を持つよう中華民族に呼び掛けることです。

宋代からこの地にそびえ立つ老子の石像は、当時のままの慈悲深い面持ちで佇み、風雨にさらされ続けた最古の橋も、後世の人々の歩みをしっかりと支えています。これら一つひとつの場面が千年の時を経て私たちのまぶたの裏に焼き付いています。それはまさに「人生代代無窮已、江月年年只相似」(人は次々と生まれて終わる時がなく、江上の月は歳々年々変わりはない)③のようです。

つまり変わらないのは川面を照らす月であって、川辺で月を見上げていた人でもなければ、この川のほとりで実際に起きた真実の物語でもないのです。仮に源までさかのぼろうとしても、たどり着けるのは一言も発しない石碑だけです。多くの人は、花が咲いては散る深山を眺めてただため息をつくだけで、やがてその感情も思い出も胸のうちにしまい込んでしまうのです。

掘り起こし、呼び覚ますべきものは、最も平凡な人間の素朴な感情です。その中にこそ、温かい血の通った真実の歴史、血と涙、笑いとため息が込められているのです。

---

①毛沢東の詩『沁園春・長沙』の一節。
②楚の政治家・詩人屈原の長編詩。日本語訳は『中国の詩集①屈原詩集』角川書店1973年によった。
③初唐の詩人張若虚の『春江花月夜』の一節。日本語訳は『新編　中国名詩選(中)』岩波書店2015年によった。

無形文化遺産の保護と継承プロセスにおける青年の立場と役割をどう捉えるか?

中国青年代表 北京大学　熊 文雪

若い世代にとって、無形文化遺産は積極的に保護し継承すべきものであり、看過できない存在です。それは一方で、無形文化遺産が現代の若者にとって遠い存在でありながらも、彼らの精神文化の基礎となる部分において、無形文化遺産に対して疑う余地のない責任感があることを表しています。またもう一方では、若者は時代を敏感にキャッチするので、時代の流れに応じた発信手段や、内面の発掘、産業化などの点において無形文化遺産に生命を与えることができ、斜陽の無形文化遺産を朝日のように生まれ変わらせることができるのです。

無形文化遺産の保持者は、継承者である上に実践者、創造者でもあります。彼らは無形文化遺産を保護し、継承し、発展させる権利を持つべきであり、また創造的表現の権利、教育や研修を受ける権利も持つべきです。私たち青年は、無形文化遺産の継承者である人々の主体性をできる限り尊重し、彼らの権利を守る支援活動に定期的に取り組まなくてはなりません。

有形文化遺産と無形文化遺産は、「文化的景観」において相当の割合で重複しています。そこで、無形文化遺産を保護し継承するもう一つの方法として、遺物に埋め込まれた歴史的情報を掘り起こし、遺物を長期的に完全な状態で保存するために、積極的に文化財と遺跡の記録や保管に努め、遺物を博物館や発掘地で展示することが挙げられます。例えば北京大学考古文博学院の学生は、専門知識を存分に発揮し、手作業による調査と最新の科学技術を組み合わせ、史料の分析レベルを引き上げることで、遺物を最大限保護しています。

若い世代は、ボランティアなどの現場で、大学教員や学生と無形文化遺産の継承者との間の双方向の相互学習を促すことにより、継承者たちが「問題意識を持って大学に入る」など、高等教育を受けられるようサポートすることができます。それは一方で、大学教員と学生が伝統文化への理解と親近感を深め、若い世代が無形文化遺産の重要性に対する認識と関与を高めることにつながります。またもう一方では、継承者たちの学歴を上げることの手助けにもなり、より一層効果的な継承に結び付きます。

各国の青年は国際交流の道を切り開き、無形文化遺産の技術や芸能と、その保護の経験について、積極的に対話交流を展開するべきです。2016年現在の公開データによると、「世界遺産リスト」の登録数は中国とインドが第二位と第六位ですから、さらに全面的に交流を深めていかなければなりません。

「一帯一路」青年が語り合う創意と文化遺産

中国青年代表 北京航空航天大学 穆妮拉・海拉提

創意の都——長沙

長沙に来る前から、長沙の岳麓書院や橘子洲、湘江の花火については、湖南衛星テレビの大々的な宣伝を見て知っていましたが、三日間滞在してみると、長沙市政府の独創的なまちづくりに感服せずにはいられません。

湖南といえば、まず思い浮かぶのはメディア産業の発達です。湖南衛星テレビはその創意あふれるテレビ番組と湖湘文化の高揚によって、この十数年間ずっと地方テレビ局の手本であり続けています。ここのニューメディア産業についてじっくり考えてみると、それが湖湘文化に深く基づいていることに気付くでしょう。岳麓書院であれ橘子洲であれ、いずれも儒教の伝統的な礼儀や概念を伝えており、建国に貢献した指導者や革命に殉じた闘士の情熱と大志を偲ばせています。さらに長沙は、この長い年月の中で育まれた精神が根付いているだけでなく、創意によって生まれた最新技術の活用やメディア産業による文化の高揚を実現し、湖湘文化というブランドを確立させたのです。

外国青年と一緒に長沙を観光中、彼らは長沙のことを伝統文化と最新技術、先進的な教育を見事に融合させた神秘的な都市だと述べ、自らの視野が大きく広がったと話してくれました。

文明の交わり——泉州

宋元時代、泉州は東洋一の貿易港とたたえられ、悠久の歴史の中でさまざまな文化を受け入れてきました。開放的な対外交流は今なお続いています。泉州の観光中、外国人のDanahは次のように話してくれました。「中国では異なる信仰や文化がうまく融合していて驚いた。教会で穏やかに敬虔な祈りを捧げる人もいれば、モスクで礼拝する人、寺や廟で祈りを捧げる人もいて、彼らの間に衝突はなく、あるのは尊敬と祝福だけだ。それは、平和と友愛を主とする中華文化の土壌によって、異教徒同士が互いを受け入れ、尊重し合うのであって、多くの国が学ぶに値することだ」。彼女はこのような経験から中華文明に対する探求心を抱くようになり、帰国後に中国の対外開放の歴史を掘り下げて考えることになったようです。

私は、これこそが本フォーラムの意義だと考えます。新たな世界に足を踏み入れると、文化や信仰が異なる人たちとの交流を通じて、自分の態度や思考パターンにも変化が生じます。次第に心が広がり、他の文化を学んでみたいという願望が心の中でだんだんと芽生えるのです。まさにこれが、真の異文化交流が持つべき姿勢ではないでしょうか。

共に語り合う若い力

中国青年代表　華僑大学　**陸 思敏**

湘水を望む創意の街

毛沢東の故郷、湖南衛星テレビと美食の街、これらが私の長沙に対する第一印象でしたが、フォーラム参加後、「創意」というイメージが増えました。

ここは勢いに満ちた都市です。初めて長沙を訪れた私は、国内外の青年代表と知り合い、彼らと同じように好奇心を抱いてこの都市を探索しました。モダンな長沙計画展示館は、「山水洲城」(風光明媚な都市) ならではの特色ある展示空間に、長沙の過去、現在、未来が展開しています。持続可能な垂直型社区（コミュニティ）やエコロジカルパーク、新しいライフスタイルを提案する「P8星球」クリエーティブパークは、世界のさまざまな文化の要素が融合し、新しいアイデアが絶えず生み出され、人々に未来型社区（コミュニティ）の可能性を示しています。先端技術を駆使した花火を目にした65カ国の青年代表の歓声が湘江に響き渡った瞬間、世界はまさにしっかりとつながりました。そして私も、中国人青年としての誇りが自然にわき上がってきました。

長沙はメディア芸術都市であり、歴史的な人物を多く輩出しているだけでなく、その上、創意の都市でもあります。長沙の高度な最新技術と精巧で美しいクリエーティブ産業を堪能した後、私たちは異文化間および世代間の協力をどのように進めていくか、クリエーティブ産業をいかに促進し、無形文化遺産をいかに保護するか、という三つの議題について熱い議論を交わしました。彼らが言葉を発すると、瞳の中にきらめく光が湘江の花火のように輝いては再び結集し、私にとって最も印象深い長沙のワンシーンとなりました。

若い力は中国にあり

今回、ユネスコ青年フォーラムに参加する前、私は模擬国連代表でした。模擬国連に参加した初志は、いつの日か「模擬」の二文字を外し、世界市民の一人として、世界の持続可能な発展を力の限り促進していくことでした。模擬国連代表を務めた七年間、模擬国連会議で「決議案」も作りましたが、模擬の舞台では、世界への発信が不十分です。今回の青年フォーラムで、私は国連の持続可能な開発のための17の目標（SDGs）について理解を深めることができ、文化遺産の保護と継承が、持続可能な発展にとって重要な意義を持つことを理解しました。また、ユネスコのSDGsリーダーとも意見を交換し、文化や泉州・長沙の遺産保護に対する助言をいただきました。本フォーラムで、私は中国青年代表として「長沙宣言」と「泉州議定書」に条項を加える機会を得ました。さらに幸運にも「泉州議定書」を読み上げ、その中に込められた65カ国の青年の熱い思いを世界に向けて表明することができました。

「泉州議定書」で宣言したことは、無形文化遺産のさらなる継承のために、文化遺産の保護に適した生態博物館の建設を呼び掛けること。ニューメディアとソーシャルネットワーキングサービス（SNS）のアプリを活用し、グローバルな文化遺産普及ツールを開発すること。周囲の青年たちが自主的に異文化に触れ、文化の多様性によって素晴らしい体験を得られるように働き掛けること。そして青少年が自分の文化にプライドを持ち、それを理解し誇りに思うよう呼び掛けることです。

かつて刺桐城と呼ばれた泉州で、65カ国の青年が一堂に会し、シルクロードが再びつながりました。ユネスコの欧敏行駐中国代表が開幕式で語ったように、文化は平和に通じる道です。そしてその道を、手を携えて前に向かって歩み、共に未来を創ってゆくのは、まさに私たちなのです。

歓喜と青春

中国青年代表 泉州師範学院 **張 清陽**

創意の中心、歓喜の都——長沙

長沙と聞いて最初に思い浮かぶのは、湖南衛星テレビの「マンゴーTV」です。さまざまなジャンルを網羅した多彩な番組を見ていると、目の保養に一度長沙へ行ってみたいという衝動にかられます。今回、光栄にもユネスコ「一帯一路」青年創意・遺産フォーラムの中国代表に選出され、この都市の情熱と友好の精神、文化と創意を肌で感じられたことは、感慨ひとしおです。

今回のフォーラムには、二つのキーワードがありました。一つは創意です。長沙滞在一日目、私たちは「三館一庁」（長沙市博物館、長沙市図書館、長沙計画展示館、長沙市音楽ホール）を見学し、科学技術と文化の素晴らしい出会いを目の当たりにしました。中でも印象深かったのはVR（バーチャルリアリティ、仮想現実）の技術です。腕を振り回すとこの街の夜空に星が瞬き、湘江を照らす満天の星に思わず息をのみました。遊覧船「竜驤号」に乗って観賞した最先端の花火は、音楽と花火をシンクロさせた創意あふれる演出で、ラトビア代表のPaulaも「こんなに綺麗な花火を見るのは初めて。長沙が大好きになった」と言っていました。そして何と言っても「P8星球」での体験です。志を同じくする精鋭たちによる、音楽や教育といった分野での斬新な発想や発見は、この都市に活気と生命力を与え続けています。二つめのキーワードは文化です。開幕式の会場となった、千年の歴史を持つ岳麓書院には書物と茶の香りが漂い、私たちは儒家思想を表現した音楽や踊りの演出に敬意の念を抱くとともに、この都市に蓄積された文化の重みを感じました。

橘子洲や火宮殿、そしてどんなに目立たない街の片隅にも、悠久の文化が息づいています。

この土地独特の文化も、湖南人の朗らかでさっぱりとした性格も私は大好きです。今度長沙を訪れる時には、湘江で夜景を観賞し、街の頂からこの幸せの都を見渡すことを心から楽しみにしています！

海上シルクロードの都、青春の街——泉州

かつて刺桐（ザイトゥン）と呼ばれた泉州は、海上シルクロードの「東洋一の貿易港」で、この都市の魅力は文化の包摂性と多様性に表れています。今回、青年創意・遺産フォーラムの研究チームに中国代表として加わり、泉州代表、また泉州師範学院代表として、他の国々の青年たちにこの美しい都市を紹介できたことをとても嬉しく思います。

この地には九日山、洛陽橋、開元寺、清浄寺、府文廟や、道教、仏教、イスラム教などさまざまな宗教と文化が集まり、調和を保ちながら共存しています。サウジアラビア代表のSalmanはインタビューを受けた際、次のように答えていました。「こんなに多くの宗教が調和を保って共存しているのは全く不思議です。このような街を私は今まで見たことがありません。泉州では、文化遺産がとても良好に保護されていると思います」。そして、最後のグループの発表中、パキスタン代表のAbdullahが発した言葉に、会場に感動の嵐が巻き起こりました。「私はパキスタンから来ました。私のグループには、インドから来たParidhiもいます。パキスタンとインドの間には、偏見と対立があるのを皆さんもご存知でしょう。しかしこれは、私たちが理解し合い、協力することの障害にはなりませんでした。なぜなら、このフォーラムのおかげで、私たちは相手に対する偏見が消えたからです」。これこそが、この青年フォーラムの最も重要な意義ではないでしょうか。

南音や切り絵細工、操り人形、花かんむりなどの無形文化遺産の体験はどれも素晴らしく、各国の青年たちも体験や交流を通じて泉州の文化を肌で感じていました。彼らの中には芸術産業に従事している人も多く、芸術に対する鋭い嗅覚と正しい認識力を備え、臉譜を描く体験では、持ち前の芸術的才能を存分に発揮して図案を描いていました。リトアニア

代表のOviは、「デザインの勉強はしたけれど、これは全く新しい体験だよ！」と嬉しそうに作品を見せてくれました。芸術を媒介とした文化交流によって、「一帯一路」の活動は鮮やかで深みのある色彩を帯びるようになりました。三日間の日程では、泉州の貴重な文化財の全てを見て回ることは到底できず、出発の際に名残を惜しむ外国の友人の姿もありました。中国代表として、都市の発展を目の当たりにし、その証人となれたことは大変光栄です。また、泉州代表として、はるばる遠方から来てくれた友人たちに、この麗しい泉州をもっと紹介したいと思います！

シルクロードの青年が語り合う創意と遺産

中国青年代表 湖南大学 林琛琛

4月17日～4月22日にかけて、ユネスコ「一帯一路」青年創意・遺産フォーラムが予定通り開催されました。「一帯一路」沿線の65カ国の青年たちが創意の街・長沙と歴史の都・泉州に集まり、イノベーションの発展と遺産の保護について積極的に討議しました。そして参加した代表たちは共に努力して、「長沙宣言」と「泉州議定書」を発表しました。65の文化がぶつかり交わる中で、国境や民族の壁を越えた友情が芽生え、参加者一人ひとりにとって忘れ難い思い出になりました。

長沙にて

ユネスコのフォーラムに初めて参加する青年代表として、私は学ぶ情熱を持ってフォーラムに臨み、開放的な心で異文化を受け入れるよう始終自分に言い聞かせていました。また、長沙の青年として、また中国の青年として、率先して各国の代表たちに中国の文化や長沙のクリエーティブ産業を紹介しました。さらに、このフォーラムという大家族の一員として、私はとけ合う思想とぶつかり合う文化を全身全霊で受け止め、自分の思考力を高めようと心掛けました。朗唱の余韻が残る岳麓書院、フォーラムと並行して熱い議論が交わされたシンポジウム、美しさに圧倒された湘江の花火、創意に満ちあふれる「P8星球」社区（コミュニティ）など、三日間に及ぶ長沙でのフォーラムを通して、私たちは創意の街という新しい長沙を見いだし、互いの思想がぶつかり合うことの素晴らしさを実感しました。

泉州にて

　歴史と文化の香る泉州は、異なるものを受け入れ、寛大かつ開放的で、さまざまな宗教と価値観が調和を保ちながら共存し、若々しい生命力と活気が湧き出ています。それはまさに今回のフォーラムと同じです。フォーラムでは、アルメニアとアゼルバイジャンの青年が分かり合い、パキスタンとインドの青年が交流し、衝突や偏見、対立はここで協力と理解、寛容に変わりました。このような雰囲気の中で、私たちはさまざまな人々の物語や伝統文化を理解し、型にはまったステレオタイプ的な考えに二度ととらわれることはなくなりました。はるか遠い国は単なる地図上の名称ではなくなりました。なぜなら、そこには物語があり、命が宿り、友人がいるからです。今までよく知らなかった地域も、ニュースで見聞きするだけの存在ではなくなりました。フォーラムが、この世界と私たちをさらにしっかりとつなげてくれたのです。それと同時に、希望を託された青年たちが、どうすれば手を携えて「世界をより良くする」ことを真に実現できるか、考えるようになりました。

　私たちを招待してくださったフォーラム主催者の方々に感謝いたします。この素晴らしい思い出は私たちにとって貴い財産となるだけでなく、各自がフォーラムの成果を国に持ち帰ることで、より多くの若者が創意の革新、遺産の保護、相互理解に関心を持って取り組むようになると信じています。

「一帯一路」青年創意・遺産フォーラムに参加して

中国青年代表　湖南師範大学　**李佳珊**

中国代表の一人として、幸運にもユネスコ「一帯一路」青年創意・遺産フォーラムに参加できたことは、私の人生で決して忘れることのできない経験になりました。

第一に、創意について。今まで創意については知識が不十分でしたが、長沙の「三館一庁」（長沙市博物館、長沙市図書館、長沙計画展示館、長沙市音楽ホール）を見学して、科学技術の進歩と、その国民教育における重要性に驚きました。「P8星球」では、そのユニークで開放的な空間に感嘆しました。そこでは人々が伸び伸びと働き、個性的なアイデアがぶつかり合うイベントが日々繰り広げられています。「58衆創」では、各方面のクリエーターの業績に触れ、創業を奨励する長沙市政府の強い決意を感じました。湘江に揺らめく色とりどりの花火を見ながら、私は科学技術の発展が生活の至る所に及んでいることに感服しました。このような経験の全てが、私にとっては新鮮で特別なものであり、創業支援の基盤がますます充実しているのを知って、クリエーティブ産業に対する興味が急激に湧いてきました。創意と科学技術は今や生活の隅々まで浸透しており、淘汰されたくなければ勉強に励み、拡散的思考を養い、絶えず自己を高めていかなくてはなりません。

第二に、遺産について。泉州で各国の青年代表たちとこの土地の歴史的建造物を見学した時、建築の美に強く感銘を受けました。さらに驚いたことは、異なる文化が互いを受け入れていることです。泉州では、道教や仏教、イスラム教が平和的に共存し、学び合っています。このことは、異なるものを受け入れ、開放的で多様性に富む泉州をよく表しています。国際情勢が複雑を極める今日、泉州は模範的なまちづくりの好例です。

そして、私にとって最大の財産となったのは、各国の青年代表や傑出したリーダーたちとの交流です。モルディブから来たSofaaは女性解放運動に尽力しています。彼女は自分の経験を語りながら、古い価値観を捨てて新しいことに取り組み、自分の夢を追いかけるよう、私を力づけてくれました。郷里が戦火に見舞われたイラク人のAdelは、自分は決してアメリカ人を敵視しているわけではない、前の世代の遺恨をいつまでも持ち続けるべきではないと話してくれました。WFUCA（世界ユネスコ協会クラブ・センター連盟）の副会長Mustapha氏は、アメリカやフランス、ドイツに遊学した経験や、レバノンで12年間市長を務めたこと、そして現在はWFUCAの副会長として、日々多くの患者に無料診療を行っていることを話してくれました。この他にも数えきれないほどのエピソードがあります。私も異なる国の青年代表と交流するたびに、まるで新しい本を読むように触発され、インスピレーションを得ました。

最後に私が伝えたいことは、本フォーラムが各国の文化交流に与える重要な影響についてです。なぜ文化の違いが誤解を生じさせるのでしょう？　それは交流が不十分だからです。多くの青年が次のように述べていました。「今までは中国に対していろいろ誤解していた。しかし今回長沙と泉州を見て回ったことで、抱いていた誤解が全て解消されたとともに、中国を深く理解することができた。そして、もっと理解したいと思うようになった」。彼らが各国の優秀な青年代表であり、自国で相当の影響力を持っていることに留意すべきです。彼らが帰国後、中国人の温かいホスピタリティや、美しい自然、日進月歩の勢いを自国の津々浦々に伝えることによって、中国の影響力がさらに高まり、相互理解も一層進展することになるでしょう。

いい日旅立ち

中国青年代表　上海ニューヨーク大学　**呂 一涵**

「彼女は家でロシア語しか話さないって言うんだ」青年は肩をすくめてそう言いました。

彼はリトアニアから来たOvidijus。皆にOviと呼んでくれと言いました。彼女とはラトビア代表のことで、両国は隣同士です。私は公演のためラトビアを一度訪れたことがありますが、それまでこの国の存在すら知りませんでした。バルト海に臨むこの国は、欧州各国の観光客に人気ですが、中国では寂しいことに名前すら知られていません。季節は夏だったにもかかわらず、首都リガの空気は少しひんやりとしていました。上演を終えて外に出ようと門を開けると、そこでずっと待っていたとおぼしき現地の老婦人が近寄ってきて、厚手のストールを私の肩に掛けてくれました。そして手振りを交えながら、知らない言葉で話し掛けてきました。舞台を褒めてくれていると思ったので、同行のガイドを呼んで通訳を頼むと、なんとガイドは手を振って「ロシア語ではない」と言うのです。私ははっとして、老婦人が話しているのはラトビア語だということに気付きました。ラトビアには民族固有の言語と文字がありますが、リガに滞在した数日間、私はそのことにまったく気付きませんでした。道行く女性はロシアの女性と全く同じように短いスカートを穿き、似たような英語かロシア語を話していました。20世紀の長い戦争はとっくに終わり、この土地に残っているのは戦時中に設置されたトーチカと「スターリンビル」[①]以外には、人々が口にするロシア語だけです。老婦人は私のネームプレートの裏に名前を書いてくれましたが、私には読めない文字でした。

「重要なのは、分かり合うことです」Oviはシンポジウムでそう言い、続けて「あなたの文化を世界と分かち合うのです」「しかし、勢力の強い文化が押し寄せる中で、勢力の弱い文化をどのように広めていけばよいでしょう。どうすれば、すでに衰退している文化がさらに弱体化することを避けられるのでしょう？」と述べましたが、すぐさま反論に遭い、会場はしばらくの間静まり返りました。参加者の多くはシルクロード沿いの長い歴史を誇る国々の出身ですが、今は経済発展が滞り、戦乱によって、自らの国で育まれた住民や文化は、長きにわたり主流言語の中に存在するよそ者に過ぎないのです——人々は自分の想像や期待に一致する部分は喜んで受け入れ、自分と異なる部分は無視するか、あるいは鼻先でせせら笑いました。あなた方はどうして、他人を自分と同じように捉えようとするのか。どうして、曇った目で世界を眺めるように自分を見つめようとするのか。皆はしばらく沈黙しました。それは気まずさからくる沈黙ではなく、ある種のどうにもならない状況に対する、暗黙の了解に近い沈黙でした。この問題はあまりにも大き過ぎ、個人の力はこんなにも小さいのです。

理解への希望はこんなにも曖昧なものなのです。私とJalil、Fazilはこの点について微妙な争いをしそうになりました。

JalilとFazilは共にアゼルバイジャン出身で、彼らの土地は昔サーサーン朝ペルシアの領土でした。その文化はかつてシルクロードを介して中華文明と出会い、見事に花開きました。ペルシアを起源とするゾロアスター教も、かつて中原（黄河中下流域にある平原）の大地にあまねく伝わりましたが、時代が下ると、人々が思い浮べるのは中東やイスラム、ペルシアじゅうたんだけになりました。

Jalilは文学青年で、私たちは夜空の下の泉州湾や九日山の頂など、美しい風景の中で会話が弾みました。

「初めて中国に来たけれど、」彼は街明かりと光にあふれる遠くの万達商場（ショッピングモール）を眺め、「カルチャーショックを受けたよ」と言いました。「どんなふうに？」「何もかもさ」。彼は力いっぱいにおいを嗅ぐと、「ここは空気のにおいさえ違う。君は毎日ここにいるから分からないだろうけれど。ここのビルはどれも同じスタイルだけど、バクーのビルは一つひとつ違うし、こんなに高くない」。

アッラーの土地から来た彼は、ムスリムの家庭に生まれ、イスラム教を信仰しています。彼にとってより興味深かったのは、表面上の違いよりも、思想上の違いのようでした。私たちは、互いの国の結婚観と性に対する意識についても話しました。彼の郷里では女性は20歳前後で結婚するのが一般的で、「もしアゼルバイジャンとアメリカの性に対する意識が両極端だとしたら、中国はその中間だね」と言いました。私も自分の経験をもとに中国の状況を話しました。彼はまた、アメリカのような性の解放には賛同できず、婚前交渉にも反対で、女性は簡単に別れを切り出すべきではない、なぜならそれは女性が守るべき道徳的な教えに背いているからだというのです。これには共感できず、Jalilと私は各自の考えを主張しました。しかし、ネット上で「直男癌」（自分本位で亭主関白な男性）と「女権癌」（女性差別からの解放とジェンダー平等を主張する女性）が互いの私生活や短所を暴露し合うのとは違い、私たちの交流に殺気立った雰囲気はなく、相手を説得しようとしたわけではありません。一方、Fazilとの交流は全く違うタイプでした。彼は自己紹介をすると、「僕はムスリムですが、世俗的な人間ですし、人権とフェミニズムを支持しています」とすかさず付け加えました。白髪交じりの彼は私より少し年上で、長年トルコで働いていると言いました。

おそらく仕事でトルコ語を使うことが多いからでしょう、Fazilの英語はあまり流暢ではなく、私たちはオンラインで話すことが多くなりました。たまたま子供の頃の話になった時、彼は「難民の家庭で育ったんだ」と言うと、しばらく押し黙ってしまいました。私は一瞬どきりとして、うっかり心の傷に触れてしまった、と慌てて謝りました。彼はすぐに大丈夫、という表情を浮かべ「ただ悲しいだけ。沈黙することでしか、恨む気持ちを抑えられないんだ」と言うと、一枚の写真を送ってきました。「ここが僕の生まれた村。三歳の時に迫害され家を追われたんだ」。それは緑豊かな山あいに、白い家々が点在する風景でした。「その後この辺りは占領されて、それ以来一度も戻っていない」。彼のふるさとはナゴルノ・カラバフで、この土地をめぐり、1980年代に始まったアゼルバイジャンと隣国のアルメニアとの紛争は、今なお続いています。「犠牲者は百万人を超えた」。スクリーン越しの彼の表情は見えませんでしたが、重たい口ぶりで、「たった二十数年前のことだよ」と言いました。その間に双方の対立は激化し、国内ではナショナリズムが刺激され、訓練を受けていない若者たちが名誉の名の下に戦場に駆り立てられました。今回のフォーラムにはアルメニアの女性も参加しており、Fazilが自分の話をすると、彼女は悲しそうに「私たちの土地を取り戻す方法は、それしかないのよ」と言いました。「客観的に自分を眺めて思考することができる人は少ないんだ、」彼は残念そうに「どんなに賢くて、高等教育を受けている人でもね」と言いました。私はどう慰めればよいかわかりませんでした。民族や宗教の違いで区別しがちな中で、どうすれば私たちは、互いに平等な一人の人間であることを意識できるのでしょう？

今回のフォーラム参加者には、かつて戦争の被害者だった人だけでなく、今もなお甚大な被害に遭っている人もいました。シリアから来たGhassanはその一人で、現在は華東師範大学に通っています。参加者の中ではおそらく最年長で、私と同年代のお子さんがいます。「彼が帰らないのは戦争のせいだと聞いたよ」Fazilは言いました。ムスリムとシリア難民。この二つのレッテルを貼られた人は、おそらく現在世間から最もひどい汚名を着せられた人たちでしょう。Ghassanはもちろん難民というわけではありませんが、明らかに偏見と批判の目を向けられています。「私たちは女性を虐待していると言われますが、そうではありません。私たちにとって女性は宝であり、守るべきものです」。初めて言葉を交わした時、彼はこのようにはっきりと言い、続けてシリア人にとっての道徳的規範を教えてくれました。「君の短い髪は覚えやすいよ」。中国に来てまだ半年のGhassanは、中国人の顔をよく見分けられないようです。

「あなたが望むことは何ですか？　私の望みは理解すること(understanding)です」Fazilは言いました。私は王小波の作品の一フレーズ②を少し変えて、こう言いたい。世界に向かって、理解のための声を出そう。私一人では勇気が出ないけれど、あなたたちがいれば、私はできる。フォーラムから上海に戻ってくると、Ghassanから一通のメールが届いていました。メールにはシリアのガイドブックが添付されていました。「いつの日か私の国に来てほしい。君たちに私の国を知ってほしい」「ここは昔、本当に美しいところだったんだ」。

---

①スターリン様式と呼ばれる、スターリン政権の時代に建てられた重厚な高層建築。

②『愛你就像愛生命』（命を愛すように君を愛する）中の「僕の勇気と君の勇気を合わせれば、この世界に立ち向かうのに十分だろう？　世界に向かって声を出そう、僕一人では勇気が出ないけれど、君がいるなら、僕はできる」。王小波は北京出身の作家（1952-1997年）。

あとがき

「一帯一路」と青年が出会ってから

中国ユネスコ全国委員会秘書所科学文化所所長 申 玉彪

各国の青年が互いの素晴らしさを認め合い、学び合い、分かち合うという視点に立って世界を見つめ、異なる文明同士の交流と相互理解、調和と共生を推進することは、非常に有意義で、意味が深いことです。そしてそのような相互交流が、今まさに「一帯一路」を通じて広がっているのです。

好雨知時節 当春乃発生（好雨 時節を知り 春に当たって乃ち発生す）[①]
随風潜入夜 潤物細無声（風に随いて潜かに夜に入り
物を潤して細やかにして声無し）

2017年5月14日、北京で「一帯一路」国際協力サミットフォーラムが開催されました。「一帯一路」構想が提唱されてから三年余りのうちに、早くも顕著な成果が現れています。「青年」と同じように、このイニシアチブには若々しい生命力がみなぎっています。では、「一帯一路」が「青年」しかも世界各国の「青年」と出会ったら、一体どんな大輪の花を咲かせるのでしょう？

2017年4月22日、「一帯一路」青年創意・遺産フォーラムが開幕しました。フォーラム開催中、「一帯一路」沿線の65カ国から参加した80人以上の青年代表たちは、中国でせわしなくも充実し、楽しく、忘れ難い一週間を過ごしました。「一帯一路」の概念はオープンなものであり、その範囲は国に限りません。今回、65カ国にも及ぶ国々の青年を招くことができたのは、「一帯一路」の引力と、「創意」と「遺産」の魅力、そして青年同士が引き寄せ合う力によることは明らかです。

習近平主席は、青年は最も生気と夢にあふれており、まさに未来のリーダーかつ未来を創る担い手だと述べています。習主席が初めて国際舞台で「シルクロード経済ベルト」の共同建設構想を提起したのは、2013年にカザフスタンのナザルバエフ大学で、学生の前で講演を行った時でした。習主席はその時、国の交わりは民の相親しむにあり、という言葉があるように、青年たちが率先して「民相親」(国民同士の親善交流)に取り組むべきだと指摘しました。まさにその考え方に基づき、この数年間、中国とユネスコは、シルクロード精神の発揚と、青年同士の対話強化のために協力を推し進めてきました。今回の「一帯一路」青年創意・遺産フォーラムは、双方の協力の新たな成果です。これもまた、青年が計画し、運営し、参加し、彼ら自身に有益な活動です。筆者は幸運にもフォーラムの全日程に参加し、青年たちの心の中に芽生えた「民相親」の証人になることができました。

アジアと欧州の境界のコーカサス地方に位置するアルメニアとアゼルバイジャンは、領土をめぐり長年衝突が絶えません。両国の住民は互いに行き来できず、国際舞台でも両者は「敬して遠ざける」間柄です。筆者は湘江遊覧中、一団の中からアルメニアのMeriとアゼルバイジャンのFazilを探し出し、一緒に話そうと誘いました。相手の出身国がわかった途端、二人はやや気まずそうでしたが、岳麓書院での開幕式や陶芸体験について話すうちに会話が盛り上がり、ついには両国が置かれている窮状について、落ち着いて語り合うようになりました。二人は、隣国でありながら交流できないことを残念がり、一緒に湖南省の伝統的な打ち上げ花火を観賞し、その言葉にできない美しさに感嘆していました。フォーラム後、二人からそれぞれメッセージが届きました。そこには、相手と話す機会を「創造」してもらったことへの感謝と、それが彼らにとってフォーラムにおける思いがけない収穫だったことが書かれてありました。

イスラエルから来たMaasarweは、現在上海の華東師範大学で学んでいます。フォーラム期間中、彼は他の中東諸国の青年代表たちとすっかり打ち解けていました。筆者は交流後に、彼女がイスラエルのアラブ人だと知りました。彼女は、自国を誇りに思うだけでなく、自分の民族も誇りに感じています。そして、イスラエルの人口の20%はアラブ人であり、互いに心を開けば、二つの民族は平和的に共存できると語っていました。オマーンから来た恥ずかしがり屋のAbdulwahabは、他の代表たちの華やかな姿を黙ってカメラに収めていました。ところが筆を持った途端、彼は少しもためらわずに、「一帯一路」を意味するアラビア書道を美しいスルス体で披露したのです……このように参加者一人ひとりが自分の物語を持ち、自分の国の物語を話してくれました。そして、自国と中国との友好を語り合い、「一帯一路」という国際協力によって創られる素晴らしい未来について想像の翼を広げました。

2015年10月、習近平主席は第九回ユネスコ青年フォーラムに、次のような祝辞を寄せています。世界の未来は若い世代のものです。世界中の青年が理想を抱き、責任を持って行動すれば、人類の平和と発展を推進するという偉大な事業に対して青年のあふれる力が発揮され、人類の未来は明るいでしょう。

各国の青年が互いの素晴らしさを認め合い、学び合い、分かち合うという観点に立って世界を見つめ、異なる文明同士の交流と相互理解、調和と共生を推進することは、非常に有意義で、意味が深いことです。そしてそのような相互交流が、今まさに「一帯一路」を通じて広がっているのです。

---

①杜甫の『春夜喜雨』の一節。折りよく降り出した雨によって春の到来を喜ぶ作。（『新編　中国名詩選（中）』岩波書店2015年）

編者

人民日報海外版「中国故事工作室」

人民日報海外版に属する複合型報道スタジオである。大きな出来事があれば物語を紡ぐという理念のもと、国内外での新聞、インターネット、文章、映像などを組み合せたさまざまな報道を実現してきた。

主編

厳 冰

人民日報海外版編集部主任でベテラン編集者である。代表作に『我当上了列車員』『安天下：十八大以来治国理政新方略』『見証中国改革年代—40人的故事』など。

陳 振凱

人民日報海外版編集部副主任で、主任編集者である。評論コラム『望海楼』の編集長を務め、WeChatの公式アカウント「学習小組」、「侠客島」の創設者の一人でもある。

企　画	李建興　申玉彪
主　編	厳　冰　陳振凱
編　集	楊俊峰　李　貞　劉少華
著　者	人民日報海外版「中国故事工作室」
撮　影	楊俊峰　劉玉民　魏　明
後援団体	国際連合教育科学文化機関（ユネスコ）
	中国ユネスコ全国委員会

編者

人民日報海外版「中国故事工作室」

詳しい紹介およびメンバー一覧はP224を参照。

訳者

日中翻訳学院 山本 美那子

岡山県出身、神奈川県在住。岡山大学大学院文化研究科修了、文学修士号取得。中国蘇州大学留学、上海勤務ののち帰国、結婚。
2010年に日中翻訳学院の武吉塾で学び、中国語通訳案内士の資格を取得。
趣味は漫画を描くことと、中国語の音楽を聴くこと。

日中翻訳学院 桝矢 薫

専修大学経済学部在学中、上海大学に1年間語学留学。卒業後、物流に関わる仕事に従事。2009年から日中翻訳学院の武吉塾で学び、2018年『習近平はかく語りき』翻訳チームに参加。
翻訳は長年続けている茶の湯と同じく奥が深いと痛感しながら、苦しみつつ楽しく携わっている。

「一帯一路」沿線 65カ国の若者の生の声

2019年7月8日　初版第1刷発行

編　者　人民日報海外版「中国故事工作室」
　　　　主編　厳 冰（げん ひょう）・陳 振凱（ちん しんがい）
訳　者　山本 美那子（やまもと みなこ）・桝矢 薫（ますや かおり）
発行者　段 景子
発売所　日本僑報社
　　　　〒171-0021 東京都豊島区西池袋3-17-15
　　　　TEL03-5956-2808　FAX03-5956-2809
　　　　info@duan.jp
　　　　http://jp.duan.jp
　　　　中国研究書店 http://duan.jp

Printed in Japan.　ISBN 978-4-86185-269-5　C0036

WHAT WILL CHINA OFFER THE WORLD IN ITS RISE

THE BELT AND ROAD INITIATIVE

習近平主席が提唱する新しい経済圏構想

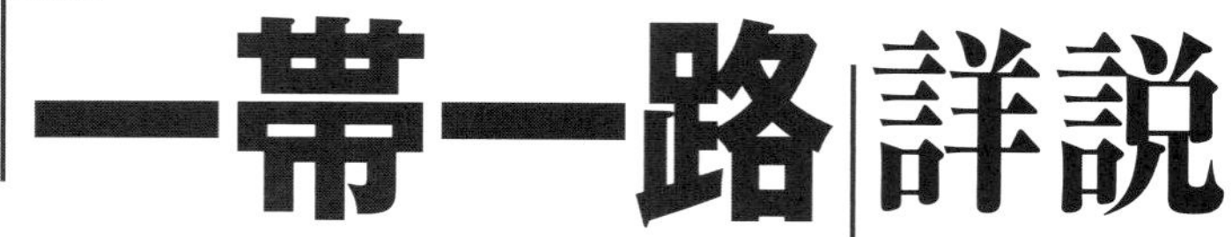

中国人民大学教授 王義桅（ワン・イーウェイ）［著］ 日中翻訳学院 川村明美［訳］

四六判 288頁 並製本　定価：3600円＋税　ISBN 978-4-86185-231-2

日本僑報社のおすすめ書籍

日本語と中国語の落し穴
用例で身につく「日中同字異義語100」

三井物産㈱ 初代中国総代表
久佐賀義光 著
1900 円＋税
ISBN 978-4-86185-177-3

中国語学習者だけでなく一般の方にも漢字への理解が深まり話題も豊富に。

日中文化DNA解読
心理文化の深層構造の視点から

尚会鵬 著　谷中信一 訳
2600 円＋税
ISBN 978-4-86185-225-1

中国人と日本人の違いとは何なのか？文化の根本から理解する日中の違い。

日本の「仕事の鬼」と中国の〈酒鬼〉
漢字を介してみる日本と中国の文化

冨田昌宏 編著
1800 円＋税
ISBN 978-4-86185-165-0

ビジネスで、旅行で、宴会で、中国人もあっと言わせる漢字文化の知識を集中講義！

中国漢字を読み解く
～簡体字・ピンインもらくらく～

前田晃 著
1800 円＋税
ISBN 978-4-86185-146-9

中国語初心者にとって頭の痛い簡体字をコンパクトにまとめた画期的な「ガイドブック」。

日本語と中国語の妖しい関係
～中国語を変えた日本の英知～

松浦喬二 著
1800 円＋税
ISBN 978-4-86185-149-0

「中国語の単語のほとんどが日本製であることを知っていますか？」という問いかけがテーマ。

日中中日翻訳必携・実戦編Ⅳ
こなれた訳文に仕上げるコツ

武吉次朗 編著
1800 円＋税
ISBN 978-4-86185-259-6

「実戦編」の第四弾！解説・例文・体験談で翻訳の「三つの『お』」を体験。

日中中日翻訳必携・実戦編Ⅲ
美しい中国語の手紙の書き方・訳し方

千葉明 著
1900 円＋税
ISBN 978-4-86185-249-7

日中翻訳学院の名物講師武吉先生が推薦する「実戦編」の第三弾！

日中中日翻訳必携・実戦編Ⅱ
脱・翻訳調を目指す訳文のコツ

武吉次朗 著
1800 円＋税
ISBN 978-4-86185-211-4

「実戦編」の第二弾！全36回の課題と訳例・講評で学ぶ。

日中中日翻訳必携・実戦編
よりよい訳文のテクニック

武吉次朗 著
1800 円＋税
ISBN 978-4-86185-160-5

実戦的な翻訳のエッセンスを課題と訳例・講評で学ぶ。

日中中日 翻訳必携
翻訳の達人が軽妙に明かすノウハウ

武吉次朗 著
1800 円＋税
ISBN 978-4-86185-055-4

古川 裕（中国語教育学会会長・大阪大学教授）推薦のロングセラー。